GERALD ET LEE DURRELL

EN RUSSIE

GERALD ET LEE DURRELL

EN RUSSIE

EDITIONS
ATLAS

Ce livre est dédié à

JOHN HARTLEY

notre ami et assistant personnel qui a beaucoup donné de lui-même. Sans son ardeur au travail, son savoir-faire et sa bonne humeur, nous n'aurions pu réaliser ce que nous avons effectué au cours de ces fascinants voyages.
Avec toute notre affection.

CRÉDIT-PHOTOS

Arakcheyer 123 hg, 123 hd, Baturin 124 R. Charters 12 encart, 12-13, 16, 18, 20, 21, 27 h, 27 bg, 31 bg, 31 hd, 32 d, 37 h, 40 d, 44-45, 48 bg, 50 cg, 50 g, 51, 55 b, 56 b, 57 cg, 57 b, 57 hd, 59 c, 59 bd, 65, 82 hd, 83 cd, 86 hd, 97 h, 97 d, 104-5, 107 hg, 108 h, 108 bd, 110 encart, 110-111, 114 h, 116, 121 (entier), 122 h, 125, 129 hd, 130, 131 h, 133 g, 133 d, 142, 143 g, 143 hd, 143 bd, 146, 147 h, 147 b, 155, 161 b, 162 encart g, 164, 165 b, 166 h, 166 b, 167, 167 hd, 167 g, 169-171, 172 h, 173, 174 h, 174, 176 bd, 177 bd, 178, 179 hg, 179 hd, 180-181 h, 181 b, 189 h, 189 b, 190 Bruce Coleman 14, 66 h, 76 encart, 108 bg, 180 Debabov 71 Lee Durrell 33 hg, 70-1, 75, 108 encart Friedburg 144 encart, 156 hg V. Gippenveyter 25 bd Goloranova 83 bc Grazhdankin 57 hg, 104/2, 135 h, 141 bg, 141 J. Hartley 1, 18, 19, 22-23, 23 encart, 26 hd, 28, 29, 30, 33 hd, 33 cd, 36, 38, 39 hg, 39 bd, 40-41, 40 cg, 47, 48 hg, 50 d, 50 cd, 50-51, 53, 59 cd, 60-61, 62-63, 64, 66 b, 68, 69, 70 g, 70 c, 72, 73 hd, 73 bg, 74 encart, 83 cg, 85 g, 85 d, 86 cd, 87 hg, 92 h, 93, 94-5, 94 encart, 98 g, 101, 102 h, 104 h, 104/4, 107, 108 encart c, 114 b, 115, 117 b, 120, 123 c, 126-7, 126 encart, 128, 132 hd, 132 b, 132 cg, 135 b, 138 d, 141 cg, 141 d, 144-5, 149 b, 152-3, 152 encarts, 153 encarts, 154, 156 hd, 159 h, 159 b, 160 hg, 160 hd, 160 b, 161, 162-3, 167 cd, 167 bd, 167 cb, 174 d, 177 hd, 177 bg, 179 c, 184, 185 h, 185 b Paul Lang 67 Mashkov 87 b F. Mukhin 37 bd, 82 c, 90-91, 108 cd, 125 encart Nechayer 83 bd, 141 g A.C. Nikolayevsky 52 Ogniov 122 b B. Patchett 6, 15, 16, 17, 24, 25 hg, 26 hg, 31, 32 c, 34, 34-35, 40 hg, 40 bg, 40 bd, 43, 44 encart, 46, 49, 49 g, 52, 54 g, 54 d, 55 h, 55 encart, 56 h, 58, 59 h, 59 cg, 59 bg, 59 hd, 62 encart, 73 hg, 73 bd, 74, 76, 77, 78-79, 78, 80, 81, 83 h, 83 bg, 84 hg, 84 hd, 85 h, 86 cd, 87 hd, 87 c, 92 b, 97 cg, 99, 100, 102 b, 103 h, 103 b, 104/3, 108 encart b, 112, 113, 113 encart, 117 c, 118-119, 123 b, 129 hg, 129 b, 131 d, 132 hg, 132 bg, 133 b, 134, 136, 137, 138 g, 140 h, 140 b, 148, 149 h, 151, 156 g, 157 h, 157 cg, 157 hd, 158, 161 c, 162 encart d, 165 h, 172, 174 g, 176 h, 176 d, 176 c, 176 bg, 177 hg, 177 ch, 177 c, 182-3, 187, 188 R.T. Papikyan frontispice, 32 b A. Petriush 37 bg P. Romanov 48 bd, 89, 96 Shenbrot 106 g, 106 d, Siokin 82 hg G. Smirnov 25 hd Viesman 157 b.

Édité par :
France — GROUPE GUILDE EDITIONS ATLAS s.a., 89, rue La Boétie, 75008 PARIS.
Belgique — ÉDITIONS ATLEN s.a., Bruxelles.
Suisse — ÉDITIONS RENCONTRE, Lausanne

Traduction : Dominique Péju.

L'édition originale a été publiée par MACDONALD & Co (Publishers) Ltd, Londres, 1986, sous le titre *Durrell in Russia*.
Dépôt légal : juin 1988.
Photocomposition : Eurocomposition.
Imprimé en Italie par New Interlitho, via Curiel 19, 20090 Trezzano sul Naviglio, Milan, Italie

ISBN 2-7312-0677-2.

SOMMAIRE

Préambule

Il y a un an, je me trouvais dans une chambre d'hôtel de Moscou, face à un journaliste de la Pravda qui avait eu la bonne idée d'apporter une bouteille de vodka. Dehors, il gelait à pierre fendre, et je fis de mon mieux pour essayer d'expliquer à un interlocuteur, qui nous prenait manifestement pour des fous, notre présence à cette époque si peu propice au tourisme.

Pendant trois ans, nous avions négocié avec la Gostelradio (équivalent russe de la BBC) et divers ministères l'autorisation de tourner une série de treize émissions d'une demi-heure consacrée à la vie animale dans ce vaste pays et aux mesures de protection de la faune. Mais nous avions aussi d'autres ambitions. En Occident, on connaît mal la vie quotidienne des Russes. Sur nos écrans, ce ne sont d'habitude que régiments de chars défilant sur la Place Rouge, devant des rangées de politiciens dont un *niet* semble être gravé pour toujours dans leur visage de bois. Il devait bien y avoir d'autres Soviétiques, pensais-je, des gens qui rient, qui aiment et qui travaillent. Nous voulions les montrer eux aussi, autant que la faune, la flore et l'infinie diversité des paysages de cet immense pays. Si l'on veut bien tenir compte de l'ampleur de la tâche, j'estime que nous avons réussi.

Le lecteur sera peut-être déconcerté par le plan de l'ouvrage. Cela tient au fait que notre équipe a passé en tout près de dix mois en Union soviétique, mais à des époques différentes, car nous voulions montrer le passage des saisons. Nous avons parcouru deux cent quarante mille kilomètres et opéré en dix-neuf endroits dont certains n'avaient jamais encore été visités par des Occidentaux. Aux amateurs de chiffres, je préciserai que l'expédition se composait de huit personnes et que nous transportions quatre-vingt quinze sacs, contenant les films, les cameras, les magnétophones, etc. et une grande quantité de vêtements allant des chaudes parkas aux shorts légers. Bien entendu, lorsqu'on relate un voyage aussi complexe, la grande difficulté réside dans le fait de ne pas interrompre sans cesse le récit pour expliquer pourquoi, d'un chapitre à l'autre, on passe des morsures du gel à une chaleur accablante.

Lee et moi avons pris d'abondantes notes, elle sur le plan scientifique, moi pour fixer des paysages, des sons, des couleurs et des parfums. J'ai largement utilisé ses observations, et c'est pourquoi j'ai voulu que son nom figure à côté du mien sur la couverture, bien que le livre soit pour l'essentiel écrit de mon point de vue.

Outre Lee et moi-même, l'équipe se composait comme suit :

John Hartley, mon assistant personnel ; Paul, le régisseur ; Rodney, le cameraman et son assistant Byron ; Donna, la productrice ; Alex, le producteur associé et l'interprète ; Ingrid, l'ingénieur du son pendant la moitié du voyage et Ao, qui l'a remplacée à son départ. A nous tous, nous étions une sorte d'ONU itinérante : Donna et Alex sont à moitié russes, Ao est letton (même si tous trois venaient du Canada), Rodney est néo-zélandais, Byron, canadien pur-sang comme Paul, John et moi sommes britanniques, Lee est américaine et Ingrid, hollandaise. A l'énoncé de tout cela, le correspondant de la Pravda parut des plus déconcertés, et je me demandai quelle sorte d'article il allait écrire. Peut-être êtes-vous aussi troublé que lui, mais je vous encourage à poursuivre votre lecture, car notre récit sera désormais beaucoup moins compliqué.

A cette époque où les griffes glacées de l'hiver commençaient à se refermer sur elle, Moscou n'avait rien d'enchanteur. Je n'ai jamais été attiré par les termitières humaines bruyantes et agitées que sont partout les capitales, aussi n'est-il pas étonnant que mes premières impressions ne furent guère favorables. Les chaussées et les trottoirs étaient recouverts d'une épaisse croûte de neige grise et noire ; les passants transis et mornes se hâtaient, courbés en deux dans l'espoir d'échapper un peu aux courants d'air qui s'engouffraient entre les blocs d'habitations sombres et lugubres. Moscou est une ville de corneilles, de l'espèce mantelée, à l'élégante livrée noir de jais et rose argenté. Il y en a des centaines, errant sur les bancs de neige à la recherche d'on ne sait quelles gourmandises, perchées par bandes sur les arbres dénudés, jacassant de leur voix éraillée ou volant entre les immeubles comme une poignée de cendres emportée par le vent. Comment elles parviennent à trouver assez de nourriture pour survivre dans une ville étranglée par la neige reste un mystère.

Bien entendu, ce ne fut pas une mince affaire que d'arriver jusqu'à Moscou avec notre énorme attirail ; mais il nous fallut y passer plusieurs jours encore à courir de bureau en bureau pour résoudre les innombrables casse-tête administratifs, inévitables dans une expédition de ce genre et de cette ampleur, et nous assurer que tout serait en ordre pour nos premières tentatives de sortie.

Entre un bureau et une ambassade, nous nous accordâmes une permission pour aller filmer le Kremlin. Ployant sous le poids des cameras, des trépieds et du matériel d'enregistrement, nous ne fûmes guère surpris d'intriguer la police. Un courtois jeune homme s'approcha de nous, vêtu d'un uniforme gris bien coupé et portant sur la tête quelque chose qui ressemblait à un grand chat persan sommeillant avec indolence. De plus près, cela se révéla être une élégante toque de fourrure. Quand il eut compris qui nous étions et ce que nous faisions, il se montra tout excité et jura en me broyant la main et en me tapant dans le dos que je ne trouverais pas d'ami plus dévoué que lui en Union soviétique. Je me dis que dans un pays où les étrangers étaient quelque peu suspects, c'était un bon départ que d'avoir au moins un policier dans son camp.

Derrière les antiques murailles de briques rouges du Kremlin se cachent les célèbres églises, souvent coiffées d'un dôme doré semblable à une boule d'arbre de Noël géante qui, malgré un ciel de plomb et les bourrasques de neige, brillait d'un éclat surprenant. A l'extérieur des murs, à une extrémité de la Place Rouge, s'élève la cathédrale Saint-Basile. Avec ses cinq dômes ventrus, striés comme des sucres d'orges de couleurs primaires éclatantes, c'est l'un des plus séduisants et étonnants morceaux d'architecture qui soit. Après avoir tourné autour pendant une demi-heure dans un silence ébahi, je me pris à penser que si Walt Disney avait demandé à un architecte californien de concevoir une cathédrale russe pour Disneyland, c'est cela qu'il aurait obtenu. Comparée aux superbes églises élancées, sobrement habillées et luxueusement coiffées d'or de l'intérieur du Kremlin, Saint-Basile est voyante, presque vulgaire, mais douée d'une très forte personnalité. C'était comme si des mannequins vedettes, vêtus de Dior, donnaient un élégant cocktail, bannissant, aux confins de la Place Rouge, un courtaud et jovial gavroche.

Une agréable rencontre vint égayer l'ennuyeuse routine des préparatifs à Moscou. Nous fîmes la connaissance de Nick Drosdov, un homme charmant qui produit une émission de télévision mensuelle très populaire, consacrée à la nature. C'était un bonheur de le fréquenter et de travailler avec lui. Car il portait un réel intérêt à l'écologie et était pourvu d'un humour espiègle. Nous prîmes un grand plaisir à participer à son programme. Nos divers problèmes enfin résolus, nous partîmes pour la première étape de notre voyage au long cours. Il était venu nous saluer à la gare, et nous découvrîmes, à cette occasion, la charmante habitude qu'il avait de transporter toujours avec lui son serpent favori, dans un grand sac américain, qui contenait par ailleurs ce jour-là maints cadeaux. Il ne les offrit pas d'un seul coup, mais un à un, en ménageant ses effets, de telle sorte que nous ressemblions à des enfants sans voix devant un prestidigitateur. Il donna tout d'abord une boîte de chocolats pour Lee. Après quelques effusions, on se remit à bavarder puis il plongea à nouveau la main dans son sac et produisit un coffret contenant six verres de couleur verte, chacun rangé dans un étui présentant en filigrane un motif animal à chaque fois différent. Nous le remerciâmes et reprîmes notre conversation pendant quelques minutes. Alors, Nick fouilla dans son sac à malice et sortit triomphalement une bouteille de brandy pour remplir les verres. Je dois confesser que nous y fîmes largement honneur, si bien que Nick faillit rester dans le train au moment du départ, et c'est de justesse que nous pûmes le remettre sur le quai. Le voyage commençait sous de joyeux auspices.

Pages suivantes : *Carte de l'Union soviétique montrant les régions que nous avons visitées.*

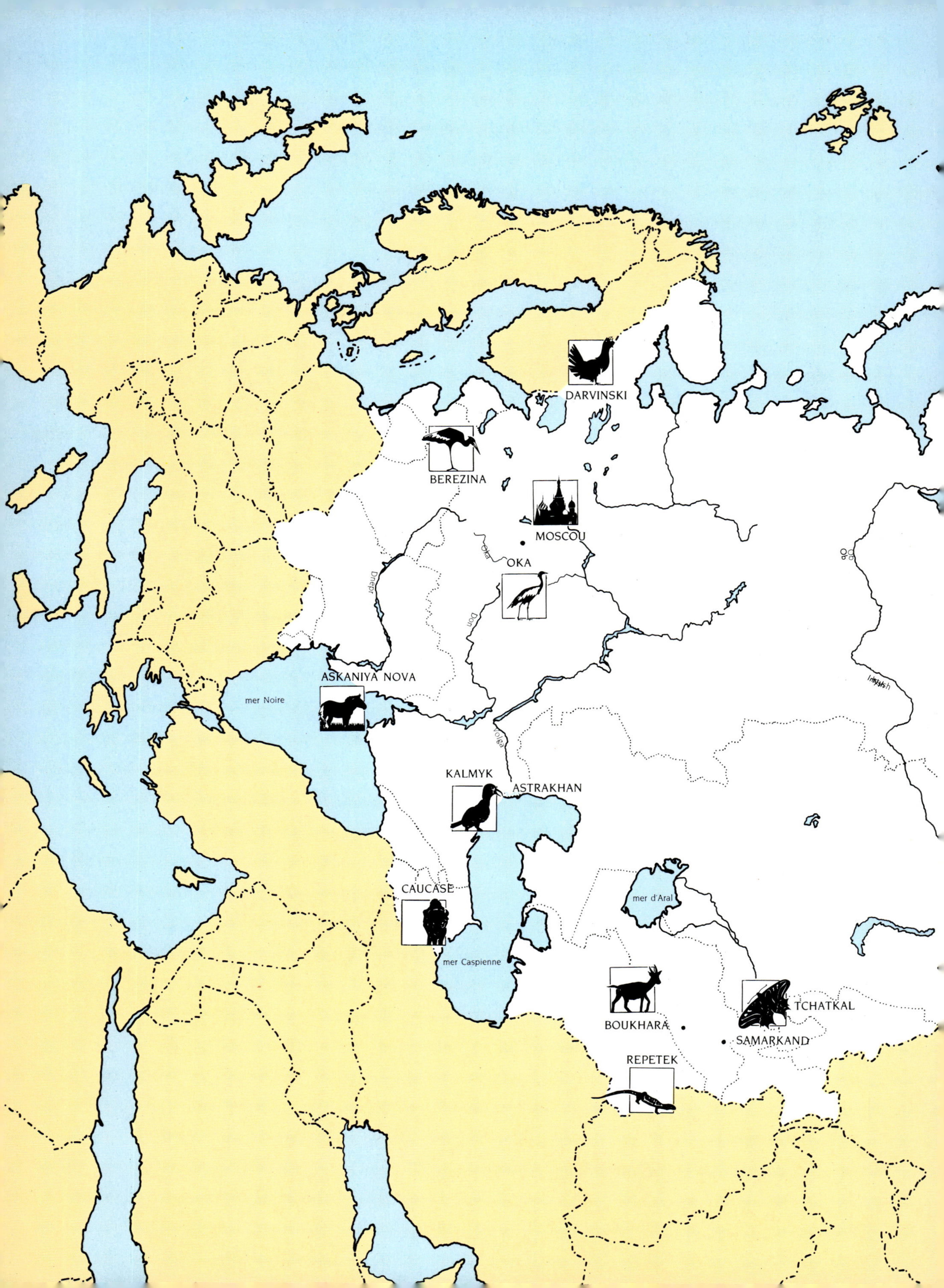
DARVINSKI
BEREZINA
MOSCOU
Oka
OKA
Dnepr
Don
ASKANIYA NOVA
mer Noire
Volga
KALMYK
ASTRAKHAN
Irtysh
CAUCASE
mer d'Aral
mer Caspienne
BOUKHARA
TCHATKAL
SAMARKAND
REPETEK

TAÏMYR
Lena
Yenisey
lac Baïkal
BAÏKAL

DARVINSKI
Le chant du coq de bruyère

Darvinski

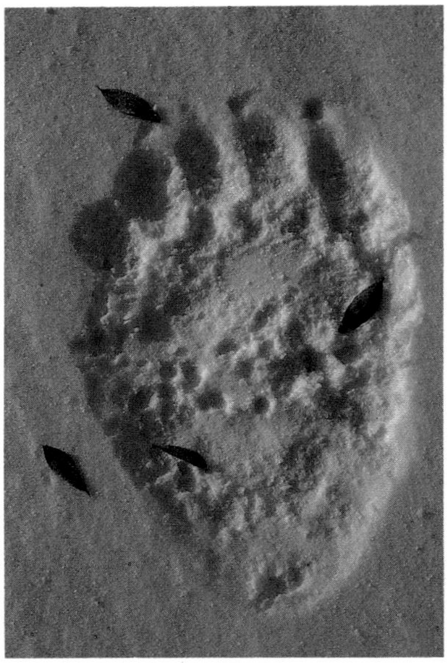

Tout ce que nous avons pu voir de l'insaisissable ours russe. Bien que notre cameraman ait réussi à en filmer un, je dois avouer que le seul que j'ai vu était un ours apprivoisé qui dansait sur un marché.

Pages précédentes : *Le lieu de reproduction du coq de bruyère. Le programme de reproduction de cet oiseau a connu un tel succès à Darvinski qu'un grand nombre d'oiseaux sont redevenus sauvages.*

La réserve Darvinski a été créée pour étudier et contrôler les effets sur l'environnement du plus grand lac artificiel du monde, le Ribinsk. Mais nous nous y rendions surtout dans l'espoir de pouvoir filmer un ours en état d'hibernation que l'équipe de la réserve avait localisé. Hélas, juste avant notre départ, nous reçûmes un télégramme démoralisant nous apprenant que, sans le moindre égard pour nos projets, l'ours s'était réveillé et était parti courir le pays. Sachant que les gens de la réserve feraient tout leur possible pour dénicher un ours qui ne serait pas insomniaque, nous décidâmes de partir quand même.

Nous avons pris le train de nuit à Moscou et, le lendemain matin, nous étions à Cherepovets. Les bâtiments de la vieille gare, peints en vert cendré avec des parements couleur crème, paraissaient à la fois élégants et déplacés. Derrière eux, se dressait une série d'immenses immeubles d'habitation, d'un gris uniforme, dont la plupart semblaient n'être qu'à moitié achevés. Sur le quai enneigé, nous avons été accueillis par Vassili Nesterenko, le directeur de la réserve. Avec ses hautes pommettes de Mongol et sa toque de fourrure, il paraissait venir tout droit du Tibet. Devant la gare, nous attendaient un camion, huit jeeps et une voiture de police. Nous avons pris la route, précédés par la voiture de police, avec son gyrophare bleu, sirène hurlante, repoussant tous les autres véhicules sur le bas-côté de la route et grillant les feux rouges avec une joyeuse désinvolture. Notre escorte de police nous accompagna pendant quelques kilomètres. Puis, lorsque nous avons emprunté une route boueuse qui ressemblait à un champ labouré et recouvert de glace, elle refusa d'aller plus loin. Le voyage tourna rapidement au cauchemar ; la neige rejetée par les chasse-neige de chaque côté de la route s'était transformée en glace, puis la pluie et la neige fraîche avaient empli ce qui était devenu le lit d'une rivière dont l'eau ne pouvait s'écouler. Par moments, nous pataugions profondément dans de l'eau couleur café et, l'instant d'après, à travers ce qui ressemblait à de la mousse au chocolat ratée. Puis nous avons quitté cette route pour un chemin plus étroit qui nous mena à un tout petit village composé de maisons de bois à un étage, garnies de jolis volets ; les fenêtres, aux cadres délicieusement sculptés et peints de couleurs vives, brillaient comme des joyaux sur le bois sombre des murs, éclairant ce désert de neige et de boue. Là, nous avons été accueillis par un charmant couple d'octogénaires qui nous avait préparé à déjeuner. L'homme avait un visage ridé comme une noix et la femme, des yeux bleus comme des œufs

Bien que les chasse-neige aient fait leur travail, la route de Darvinski fut un véritable cauchemar.

de fauvette dans un visage évoquant un parchemin jauni. Ils nous firent entrer dans leur charmante petite maison, où règnait une douce chaleur : du bois flambait dans tous les poêles encastrés dans les murs. Sur la longue table de la pièce principale, il y avait de quoi nourrir toute l'Armée Rouge ; gâteaux de fromage, petits pains au lait, gâteaux aux myrtilles, pommes de terre, boulettes de viande, des monceaux de pickles, des sandwiches aux œufs hachés, du riz, des pâtés aux œufs, un immense samovar pour faire le thé, du jus d'airelles et l'inévitable vodka sans laquelle aucun repas (pas même le petit-déjeuner) ne saurait être complet en Union soviétique. Après ce délicieux repas, nous sommes repartis sur des routes de plus en plus mauvaises, à travers des forêts d'épicéas très denses, constituées de rangées d'arbres qui semblaient tracées au cordeau, paysage tout à fait lugubre. Pourtant, à la lisière de la forêt, de jeunes épicéas, hauts d'à peine un mètre, verts comme des tables de billard, les pieds enfoncés dans la neige, semblaient nous souhaiter la bienvenue de leurs petites branches moussues.

Nous avons franchi la limite de la réserve puis longé la rive du lac encore gelé, teinté de rose par le soleil de fin d'après-midi, qui s'étendait à perte de vue. Finalement, nous sommes arrivés au grand bâtiment de bois où devait vivre l'équipe avec laquelle nous partagerons les repas. Un groupe de scientifiques et d'ouvriers accompagnés de leurs épouses s'était formé pour

Ci-dessus : *L'accueil traditionnel avec le pain et le sel. Je ne savais pas qu'il fallait garder la superbe nappe brodée sur laquelle les aliments étaient présentés, et je l'ai laissée, soigneusement pliée, dans la cuisine.*

nous réserver l'accueil traditionnel ; alors que Lee et moi-même descendions prestement de notre jeep, une femme charmante se présenta, portant un gros pain bis rond, « fait maison », et un pot de sel, soigneusement posés sur une nappe rouge magnifiquement brodée. Je me trouvai un peu pris au dépourvu, mais John arriva fort à propos pour m'expliquer que je devais rompre deux morceaux de pain, les tremper dans le sel, en donner un à Lee et manger l'autre. Ce que je fis, au milieu de l'hilarité générale, car je faillis laisser tomber le pain dans la neige. Puis on nous conduisit, Lee et moi, à notre minuscule logement, une cabane en rondins qui comportait une salle de séjour, une chambre et une petite entrée. Une fois installés, nous avons repris le chemin du bâtiment principal, où nous attendait un solide repas. Puis, repus, nous sommes retournés à notre villa ; les cristaux de glace scintillaient sous la pleine lune. Les aboiements d'un chien solitaire résonnaient sur le lac de façon lugubre.

En attendant qu'on découvre un nouvel ours, nous nous sommes intéressés au coq de bruyère. De la taille d'un petit dindon, ce splendide oiseau de la famille des oies est élevé à Darvinski pour renforcer le peuplement des espèces sauvages dont le nombre a considérablement diminué car elles sont chassées sans discernement. Les oiseaux sont gardés dans de grandes volières, où un coq corpulent et agressif parade devant trois ou quatre dindes. Nous sommes entrés dans la première

Page précédente, en haut : *Quel plaisir d'admirer la sculpture raffinée des volets de bois, peints dans des couleurs vives qui ressortent étonnamment sur la boiserie sombre de la maison.*

L'arrogance prodigieuse de cet oiseau merveilleux, si plein de fougue et de passion, tiendrait, je crois, un loup affamé en échec.

volière ; les femelles, au plumage couleur de feuilles d'automne et au poitrail châtain s'accroupissaient humblement à l'arrière, tandis que le mâle, surexcité par notre présence, faisait la roue avec une arrogance qui n'aurait pu être égalée que par un officier prussien étrennant un nouvel uniforme. En l'occurrence, le sien était superbe, aussi excusions-nous sa morgue. Le haut de sa poitrine, vert bouteille, virait au bleu foncé sur le cou et la tête. Il portait de belles épaulettes blanches au-dessus de ses ailes brunâtres. Il déployait une queue, composée de plumes d'un bleu foncé tacheté de blanc, comme il aurait déplié un éventail victorien au cours d'un bal. Il courait autour de nous sur ses lourdes pattes en partie engoncées dans des pantalons de plumes, la tête rejetée en arrière, arborant un bec caramel, semblable à celui d'un faucon, une féroce barbe de plumes noires en bataille. Ses yeux noisette, égarés, étaient surmontés de sourcils étonnants : excroissances de peau écarlate, en forme de croissants de lune, qui lui conféraient une allure fort martiale. Il allait, marquait une pause, puis repartait avant de s'arrêter à nouveau pour émettre deux sons totalement différents. Il nous faisait penser à un ventriloque imitant une certaine voix pour poser une question, et usant d'une autre pour la réponse. Le premier son était un bruit grave de martèlement, comme si des châtaignes tombaient une à une dans un tambour. Après une courte pause, il produisait un extraordinaire glouglou nasal, celui qu'utilisait Polichinelle dans les anciens spectacles de guignol. Il donnait un saisissant spectacle, véritable figure héraldique qu'un chevalier du Moyen Age n'aurait pas dédaignée pour orner ses armoiries. Après deux heures passées avec ces magnifiques créatures, nous sommes retournés à notre villa, où nous eûmes la joie d'apprendre qu'on avait trouvé un autre ours.

Je crois que c'est la bravoure de cet oiseau qui nous a le plus frappés. Il paradait quasiment sur nos genoux, mais il n'aurait pas hésité à nous déchiqueter à coups de bec au moindre regard que nous aurions jeté sur l'une de ses femelles.

Vu la beauté de cette poule, il est facile de comprendre pourquoi le coq de bruyère met tant d'ardeur à les séduire, puis à les garder une fois qu'il les a conquises. Son plumage, quoique moins flamboyant que celui du coq est plus subtil. Sur la neige, il fait penser à un petit tas de feuilles d'automne.

Ce matin-là, nous nous levâmes péniblement à trois heures. Dehors, il neigeait, bien que la température ait remonté pendant la nuit. Cinq *skidoos* (sorte de motos équipées de chenilles, engins bruyants, malodorants mais rapides) nous attendaient. L'un d'eux tirait un traîneau plat contenant une partie de l'équipement tandis qu'un autre tractait un genre de berceau pour enfant géant ou de traîneau pour Père Noël. L'arrière de cet étrange véhicule avait été garni de foin et de couvertures en peau de mouton où nous nous installâmes, Lee et moi (tel un tsar et sa tsarine). Nous sommes partis sous la neige. Dans la lumière jaune et pourpre de l'aube, le lac semblait immense, avec, au loin, son pourtour de forêt sombre et menaçant. Au bout de deux heures de trajet, il apparut tout à fait évident que nous ne serions pas au rendez-vous avec l'ours. La hausse de température avait ramolli la couche de neige, et, au lieu de glisser dessus, *skidoos* et traineaux s'enfonçaient. Mais on nous assura que nous trouverions, à un ou deux kilomètres plus loin, une maison de forestier isolée où nous pourrions prendre un petit-déjeuner.

C'est à ce moment-là qu'un chien viverrin fit irruption dans notre existence, Vassili, de plus en plus déprimé par les caprices de l'ours et ceux de la météo, ouvrit vivement le coffre de son *skidoo* et, avec des mines de conspirateur, en sortit un jeune chien qu'il jeta sur mes genoux d'un geste large. L'animal se tapit là, et, comme ma dernière rencontre avec un chien de cette espèce remontait à une quarantaine d'années, alors que j'étais

Le paysage était austère et magnifique, immobilisé par la neige et la glace qui lui conféraient l'aspect d'une eau-forte.

C'était le début du dégel, et le poids de notre traîneau de Père Noël brisa la croûte de neige ; il fallut le tirer à bout de bras.

étudiant, je dus avoir l'air aussi ahuri que lui. Ces séduisantes créatures canines sont extrêmement intéressantes mais leur introduction en Europe est un parfait exemple de la stupidité de l'homme quand il se mêle de bricoler inutilement la nature. Ces animaux aux courtes pattes, ressemblent à des corgis très chevelus, avec une tête de raton-laveur. Autrefois, on n'en trouvait qu'au Japon et dans l'est de l'Asie, puis quelqu'un eut la brillante idée de l'introduire dans les régions forestières de la Russie occidentale, dans l'espoir d'en faire un précieux animal à fourrure. Une fois implanté, cet omnivore s'est rapidement répandu dans tout le centre de l'Europe où il est devenu un véritable fléau. On découvrit alors que sa fourrure était inutilisable. L'Europe s'était ainsi dotée d'un nouvel animal au détriment de sa faune naturelle. La même erreur avait été commise avec le ragondin et la loutre d'Amérique du Sud.

Allongé sur mes genoux, le chien, l'air ravi, se laissait caresser. Mais Vassili apparut avec un gros collier et une laisse et tenta de les lui passer. La bête trouva l'affront intolérable et, vif comme l'éclair, d'un bond il sauta du traîneau. Ses pattes de fourrure lui assuraient une prise formidable sur la glace, et il s'élança à travers le lac d'un trot déterminé et élégant. Tout le monde se lança à sa poursuite, mais les homme, nettement moins agiles que l'animal, jonchèrent bientôt le sol glacé. A la fin, les poursuivants enfourchèrent leurs *skidoos* pour rattraper notre chien viverrin. On l'enferma à nouveau dans le coffre pour le filmer le lendemain, car le ciel était alors si couvert et la neige tombait si dru qu'il était hors de question de tourner. Les flocons de neige avaient la forme de minuscules fleurs ciselées à cinq pétales ; on aurait dit de la dentelle. Très vite, la sombre

Le chien viverrin, recroquevillé sur nos genoux. Quelques secondes plus tard, il nous échappait et nous eûmes beaucoup de mal à le récupérer sur la glace. Il eut le mauvais goût de récidiver le lendemain matin.

peau de mouton qui nous couvrait les genoux fut parsemée de ces minuscules flocons.

Finalement, nous sommes retournés à la maison de forestier où nous avons repris des forces en avalant un repas bienvenu, arrosé de thé. Puis nous avons décidé de regagner notre domicile car le temps continuait à se gâter. Sur le chemin du retour, le *skidoo* qui nous tractait aborda un banc de neige sous un angle trop aigu, et notre lourd traîneau de Père Noël versa, nous précipitant, Lee, moi et notre fragile matériel sur la glace. Par bonheur, ni nous, ni notre matériel n'en souffrirent, mais le pauvre forestier qui nous conduisait était mortifié, et il fallut lui prodiguer étreintes et baisers pour le persuader de ne pas attenter à ses jours.

La journée du lendemain fut catastrophique. Le chien viverrin s'échappa à nouveau, et notre équipe tenta vainement de filmer un coq de bruyère sauvage. J'avais promis de faire, dans l'après-midi, un petit discours devant les forestiers et leurs familles à propos de notre travail. Comme cette réserve avait été baptisée en l'honneur de Charles Darwin, il était tout naturel qu'un grand portrait de ce distingué savant soit accroché dans la pièce où je devais prendre la parole. Quelqu'un venait de me demander si, à mon avis, il devrait exister dans le monde d'autres centres d'élevage en captivité sur le modèle de celui que j'avais créé à Jersey ; alors que je m'apprêtai à répondre avec enthousiasme, le portrait se détacha du mur dans un fracas qui ébranla le bâtiment et plongea l'assistance dans la consternation.

Et c'est ainsi que nous avons quitté, bredouilles, Darvinski, lieu pourtant fascinant.

OKA

Sauvés des eaux

Ci-dessus : *La grue de Sibérie exécuta sa magnifique parade devant nous. Tête en arrière, bec ouvert, et les ailes baissées dans un bruissement de balles de soie qu'on dévide.*

En haut, à droite : *Ces gracieuses et délicates jeunes grues mantelées ne semblaient pas du tout souffrir du froid, alors que nous étions emmitouflés jusqu'aux oreilles.*

Ci-contre : *Le vautour griffon, qui rit quand on le chatouille, fit pour nous son numéro de corde raide* (en haut). *Le merveilleux gypaète barbu ou « briseur d'os », au profil de corsaire* (en bas, à droite), *est l'un des plus beaux oiseaux de proie du monde. Le faucon pèlerin* (en bas, à gauche) *est un des plus petits rapaces mais aussi un des plus élégants.*

Nous étions venus en particulier à Oka pour filmer une action extraordinaire : la grande opération annuelle de sauvetage. A la fin de l'hiver, au moment de la fonte des neiges, l'Oka grossit et rompt ses berges, submergeant le pays plat comme du verre en fusion, isolant en une minute les îles formées par des monticules herbeux sur lesquelles des animaux, affaiblis par l'hiver, se trouvent piégés, incapables de franchir à la nage — bien qu'ils sachent nager — les énormes distances qui les séparent de la terre ferme où ils pourraient se nourrir et survivre. Et vous vous trouvez ainsi devant une multitude de Robinson Crusoé, mammifères naufragés qu'il faut secourir de toute urgence. Alors, sur l'Oka, une flotille de bateaux entre en action.

Comme d'habitude, lorsque vous voulez filmer, quelque chose vous en empêche. En cette occasion, alors que les flots étaient en pleine crue, un regel imprévu bloqua tous les bateaux à leur point d'amarrage. Néanmoins, le directeur était bien décidé à nous permettre de mener à bien nos projets, aussi rassembla-t-il tous les forestiers disponibles et leur fit-ils tirer les bateaux hors de la glace et les transporter à travers trois kilomètres de forêt en un lieu où il serait possible de les remettre à l'eau. Mais les bateaux furent déposés très loin de la rive, et il nous aurait fallu pour les atteindre traverser une large étendue d'eau, de boue et de glace. Le directeur fut terriblement choqué par mon intention de me mettre à l'eau, aussi, toujours plein de ressources, il désigna un des forestiers pour nous transporter Lee et moi. L'homme qu'il avait choisi était un jeune géant, d'environ deux mètres, à la musculature impressionnante. Il avait un visage aimable, souriant, et portait une veste de peau de mouton de toute beauté. Sans tenir compte de mes protestations, il me souleva comme si je ne pesais pas plus lourd qu'un ballot de plumes, m'emporta jusqu'au bateau, puis fit demi-tour pour aller chercher Lee. Très fier d'avoir été désigné comme notre géant pour la journée, il resta près de nous, prêt à voler à notre secours au cas où un quelconque

Avec le dégel, commença notre travail de sauvetage des « Robinson Crusoé », sur les îlots formés par les inondations. Ci-contre : *Nous nous déplacions en bateau sur les prairies inondées, entre les plaques de glace ; les arbres avaient l'air de vacanciers pataugeant dans la mer avec de l'eau jusqu'aux genoux. Les chatons des saules commençaient à fleurir (*incrustation à gauche*), premiers signes du printemps ; les rats musqués (*incrustation à droite*) plongeaient en quête de nourriture vers les prairies noyées.*

Pages précédentes : *D'une façon tout à fait inattendue, la rivière avait gelé pendant la nuit, immobilisant nos bateaux qu'il a fallu dégager et tirer à travers la forêt jusqu'à une étendue d'eau sans glace. Notre géant me porta jusqu'à notre bateau. Plus tard, il me donna la veste qu'il portait.*

danger menacerait nos royales personnes. Lors d'une étape suivante, j'admirai sa veste ; il l'ôta cérémonieusement pour me l'offrir et aucun argument de ma part ne pût le persuader de la reprendre. Je découvris plus tard que ces vestes, fabriquées sur commande, coûtent près de 250 dollars. Lors du reste de mon séjour en Russie, je me gardai bien de manifester mon admiration...

Ainsi notre armada de six vaisseaux commença à descendre la rivière ; les troncs des arbres étaient entièrement noyés sous l'eau brunâtre, et d'énormes masses de glace et de neige d'un gris sale restaient bloquées dans les haies. L'eau miroitait sous le soleil, les moteurs ronronnaient et, de temps en temps, nous entendions un craquement lorsque nous heurtions une fine couche de glace mélangée à de la boue, comme si nous tracions un sillon dans un bol de cassonade. Le courant charriait entre les arbres et les buissons des enchevêtrements de branches et de végétation morte, tels des perruques sales, et sur nombre d'entre eux des rats musqués dévoraient avidement l'herbe verte qu'ils allaient chercher sous l'eau. L'hiver desserrait son étau et le pays semblait reprendre vie sous la chaleur du soleil. Les chatons de saule qui, jusque-là, ressemblaient à de minuscules manchons de ladies « edouardiennes » se transformaient en minuscules parterres de fleurs jaune beurre. Les alouettes, exubérantes comme des enfants à l'heure de la sortie des classes, lançaient des vocalises dans le ciel, puis plongeaient vers les vertes prairies qui se dégageaient de leur linceul de

Contrairement aux rats musqués, des créatures comme les blaireaux, les renards (ci-dessous) et les chiens viverrins (ci-contre) ne nagent pas bien. Ils avaient bien besoin de notre service d'« ambulance ».

neige. De petits groupes de bergeronnettes donnaient un scintillant ballet sur la glace et, au faîte des arbres, les freux entonnaient des chants solonnels.

Au bout d'une heure de trajet environ, nous atteignîmes un espace où les flots s'étendaient à perte de vue ; seuls émergeaient quelques ilôts minuscules et le faîte des arbres. C'est là que débuta notre opération de sauvetage. Sur un de ces ilôts, nous trouvâmes un chien viverrin épuisé qui tenta mollement de s'échapper. Il fût bientôt capturé dans une sorte de gigantesque filet à papillons, puis transféré dans une cage métallique. Un peu plus loin, nous découvrîmes un blaireau abandonné que nous encerclâmes. Il accueillit sans la moindre sympathie notre tentative de sauvetage. Il se dandinait en reniflant et en gémissant, et quand, finalement, nous l'acculâmes, il nous remercia en mordant cruellement la main d'un forestier avant d'être mis dans un sac. Notre naufragé suivant fut un renard couvert d'un riche pelage d'hiver. Comme le blaireau, il résista à nos tentatives de sauvetage, grondant d'une voix grave et tentant de mordre tout ce qui passait à sa portée, ses dents blanches claquant comme des castagnettes. De retour sur la berge, nous relachâmes nos trois captifs. Le chien viverrin, stupéfait, tremblait, pensant manifestement que sa dernière heure avait sonné, et il nous fallut le faire filer. Le blaireau, lui, bondit hors de son sac et s'élança dans la prairie, reniflant d'un air méprisant. Le renard émergea de son sac avec quelque précaution et quand il vit qu'il avait quelque chance de liberté, il galopa pour se cacher derrière un monticule d'où il nous observa pendant une dizaine de minutes, ne laissant apparaître que le sommet de sa tête et le bout de ses oreilles.

Alors que nous pique-niquions au soleil, essayant de lutter contre l'humidité et le froid grâce à l'inévitable vodka, notre

infatigable directeur me fit une surprise, et quelle surprise ! Il s'agissait d'une créature que je rêvais de rencontrer depuis longtemps : un desman russe. Ces insectivores extraordinaires, de la taille d'un gros cochon d'Inde, ont une fourrure sombre, soyeuse, comme celle d'une taupe. Animaux aquatiques, ils ont une lourde queue aplatie, dépourvue de poils. Ce qu'il y a de plus surprenant chez le desman, c'est sa tête, et particulièrement son nez. Ses petites oreilles sont enfouies dans son épaisse fourrure, et ses yeux ne sont que de simples points noirs, commes des têtes d'épingle, sur la peau râle, mais son long nez superbe, qui évoque une trompe d'éléphant, est étonnamment mobile, balayant l'espace à la façon d'un compteur Geiger. Comme tous les insectivores, il ne tenait pas en place, son corps palpitant comme celui d'un oiseau que l'on vient de capturer, ses pattes tâtant ma veste et son nez soufflant par bouffées, explorant les moindres recoins de mes vêtements dans l'espoir d'y dénicher quelque chose de comestible. Ces charmantes créatures ont été presque exterminées pour leur magnifique fourrure mais, heureusement, les autorités soviétiques ont, juste à temps, pris conscience du danger, et leur capture a été totalement interdite. Aujourd'hui, leur nombre s'accroît. Nous l'avons relâché dans un grand bassin très peu profond pour pouvoir le filmer, et il s'est magnifiquement comporté dans l'eau ; son poil devint lisse et les bulles qu'il provoquait lui donnaient un aspect argenté, il agitait de droite à gauche sa queue puissante, grattait le fond boueux avec ses pattes palmées, cherchant à déloger quelque limaçon ou autre proie similaire et soufflait avec son nez ridicule, allant et venant avec célérité. De tous les animaux captivants que nous avons vus en Russie, je crois que le desman est celui que j'aurais vraiment aimé ramener à Jersey.

Le desman russe, fascinant « E.T. » des insectivores, créature ravissante et ridicule, la seule que nous aurions voulu ramener chez nous.

Au cours de l'après-midi nous avons secouru des lièvres, des lapins, des hérissons et toutes sortes d'animaux. Puis, alors que le soleil couchant dispensait une lumière couleur de jonquille, nous sommes rentrés tant bien que mal à la maison, à travers les eaux noires sur lesquelles scintillaient des blocs de glace.

BEREZINA

Les enfants et la nature

Berezina

*La réserve Berezina est connue pour ses castors, ses cigognes noires et ses fleurs (*ci-dessus et page de droite*). Elle fut créée à l'origine pour protéger les castors décimés par les chasseurs dans toute l'Union soviétique. La réussite fut telle qu'elle permit de repeupler d'autres réserves soviétiques. Il n'en va, hélas, pas de même pour les cigognes noires.*

Pages précédentes : *La Berezina et (*en incrustation*) une leçon de botanique dans la forêt avec des écoliers.*

Désireux de voir et de filmer un fleuve russe en plein cœur de l'été, à la fin du mois de juin, nous avons mis le cap vers l'ouest. La réserve Berezina, située sur la rivière du même nom, a été créée en 1925 pour préserver le castor, un animal qui aurait probablement disparu, victime des chasseurs, s'il n'avait pas été protégé à temps. Aujourd'hui, il y en a plus de six cents qui vivent en permanence dans la réserve, et ils sont si prolifiques que dans les années cinquante et soixante un nombre encore plus grand de spécimens ont été envoyés pour repeupler d'autres réserves dans toute la Russie. Nous nous intéressions aussi à la magnifique cigogne noire, un animal rare et très secret. Après avoir posé nos bagages, nous sommes allés inspecter la rivière en bateau. La première partie du voyage se déroula sur un canal magnifique, bordé de roseaux, couvert de nénuphars, scintillant de libellules. Creusé à l'époque de la Grande Catherine, ce canal faisait partie d'un projet grandiose destiné à relier la mer Baltique à la mer Noire en faisant communiquer diverses rivières et lacs. Tout en longeant ses rives couvertes de mauvaises herbes, peuplées d'oiseaux, nous imaginions, fascinés, les vapeurs et les péniches qui, chargés de riches cargaisons et transportant un nombre considérable de passagers, avaient autrefois lentement glissé sur ces eaux limpides. Quel magnifique voyage cela devait être...

Bientôt, nous sommes arrivés à la fin du canal et avons emprunté le cours de la Berezina elle-même, qui portait une élégante écharpe de roseaux sur ses rives parsemées de vieux saules, dont les feuilles passaient, au gré du vent, du vert à l'argent. Nous vîmes de nombreuses huttes de castors, aux larges dômes de brindilles et de branches cimentées avec de la boue, mais les locataires refusèrent obstinément de se montrer. Nous avons néanmoins eu la joie de voir une cigogne noire sortir en battant des ailes d'un bouquet d'arbres, silhouette évoquant étrangement un ptérodactyle. Ce spectacle nous ravit ; aussi, imaginez notre tristesse lorsque, de retour à nos quartiers, nous avons appris que les trois bébés de cigogne noire que nous devions filmer avaient été dévorés par des corbeaux. A cette nouvelle, le respect et l'admiration que je portais à ces oiseaux décrurent sensiblement, car non seulement notre tournage était compromis, mais on ne connaissait que sept nids de cigogne dans toute la réserve, et la perte de ces trois oisillons était, à tous égards, une tragédie. Pourtant, un jeune ornithologue nous assura qu'il allait chercher un autre nid et nous dûmes nous contenter de ce mince réconfort.

En attendant, nous avons visité l'école locale.

La visite se révéla très agréable. Cette école, au premier abord traditionnelle, est très orientée vers l'écologie ; les enfants y étudient de façon pratique des matières telles que la protection de la forêt et de l'environnement. En outre, ils ont leur propre ferme dont ils s'occupent eux-mêmes, sous la direction de leurs professeurs et, dans la réserve, un petit zoo contenant toute une variété de faune sauvage, comme des cerfs, des sangliers et des bisons d'Europe. En 1974, six bisons avaient été introduits dans la réserve et, comme les enfants nous l'annoncèrent fièrement,

Le canal de la Grande-Catherine, immense retenue d'eau, riche en faune et en flore, jadis sillonné par les vapeurs transportant des marchandises d'un bout à l'autre de la Russie, aujourd'hui paisible, à peine troublé par le coassement des grenouilles et le cri des oiseaux.

le troupeau comptait maintenant vingt-trois têtes. Ils étaient chargés de leur fournir le fourrage pendant les hivers très rigoureux, et ils faisaient du foin avec l'herbe pleine de sève qui poussait au pied des pommiers dans leur verger. Comme cela faisait longtemps — beaucoup trop longtemps — que je n'avais pas eu l'occasion de travailler aux champs, nous nous sommes entassés dans un vieux car scolaire avec un groupe de ces charmants gamins pour aller faire les foins. Certains enfants parlaient un peu l'anglais, mais ils étaient plutôt timides. Cependant, grâce à cet instrument diplomatique indispensable que représente le chewing-gum, nous avons fait tomber les barrières et, tandis que nous avancions avec force cahots, entre deux chansons, ils nous parlèrent de leurs activités et nous racontèrent, comme le font tous les enfants, des histoires à glacer le sang.

Malgré son dénouement sanglant, l'histoire de l'ours était la plus belle. Ils nous expliquèrent que leurs ruches étaient installées sous des pommiers. Au début de l'avant-dernier hiver, ils avaient découvert un jour qu'une de leurs ruches avait été pillée. Elle gisait sur le sol, éventrée, les abeilles étaient mortes de froid, on apercevait des flaques de miel sur l'herbe gelée et, autour, parfaitement visibles, les larges empreintes d'un ours. Ils espéraient qu'il s'agissait d'un ours qui se rendait à sa tanière d'hibernation, mais la disposition des empreintes et la façon dont elles avaient fait craquer la première glace d'hiver ne laissaient rien présager de bon. Evidemment, à cet instant du récit, il régnait une extrême tension dans le car. La petite fille que je préférais, un petit bout de femme coiffé d'un ridicule chapeau de paille orné de rubans qui lui donnait une allure irrésistible, se représentait l'ours si intensément que ses magni-

Leurs huttes (à gauche) *trahissaient la présence des castors, mais eux sont demeurés résolument invisibles. En revanche, nous avons surpris* (ci-dessous) *un vol de cigognes noires sur la rivière.*

fiques yeux bleus semblaient lui sortir des orbites. Le lendemain (ainsi continuait l'histoire), ils trouvèrent une autre ruche écrasée, les délicieux rayons de miel avaient été mangés, les abeilles se débattaient nerveusement dans des sursauts d'agonie. Le jour suivant, il y avait eu une nouvelle profanation. C'était terrible, à ce rythme-là, toutes leurs ruches allaient disparaître. Il fallait mettre un terme aux activités d'apiculture de cet ours — il fallait l'abattre. Je protestai auprès de ma jeune amie au chapeau. N'était-ce pas un ours russe? N'était-ce pas une chose terrible que de tuer un ours russe? Ses yeux bleus grands ouverts, elle acquiesça, mais il fallait bien avoir des ruches et si les ours s'y opposaient, il fallait les arrêter.

Nous arrivions maintenant à la fin de l'histoire. Tout le monde s'en mêla, et il nous fallut quelque temps, au milieu du vacarme créé par le bruit du moteur et une dizaine de voix perçantes, pour comprendre le dénouement. Un matin, tôt, une embuscade avait été tendue dans le verger et lorsqu'à l'aube l'ours s'était frayé un chemin au milieu des ruches, avec la démarche de lutteur caractéristique de cet animal, une balle mit fin à ses jours. Mais le triomphe fut de courte durée, car lorsque l'on examina la carcasse, on découvrit pourquoi cet ours avait pris tellement goût au miel. C'était un vieil ours, si âgé qu'il avait perdu toutes ses dents et ne pouvait plus chasser. Il en était réduit à manger de la mousse, des baies et autres choses tendres, jusqu'à ce qu'il découvre la saveur des ruches. Si on lui avait permis de continuer à piller celles-ci, cela n'aurait de toute façon pu durer bien longtemps. L'hiver l'aurait emporté, car il n'aurait pu se constituer une couche suffisante de graisse pour tenir pendant la longue hibernation. Le tuer avait peut-être été lui rendre service. Mais l'image d'un ours octogénaire édenté,

Pages suivantes : *Partout en Union soviétique, il y a des fleurs à profusion, mais nulle part comme dans la Berezina. Au point qu'on craint de les écraser en marchant. A perte de vue s'étalent des champs de lupin jaune. L'ellébore rouge* (en haut, à gauche), *la petite orchidée papilionacée* (au centre gauche), *l'Ivan-et-Maria* (en bas, à gauche), *l'arnica des montagnes* (à droite), *l'ancolie* (en bas, à droite).

pillant des ruches pour en extraire le miel nourricier et qui rencontre ainsi la mort est vraiment triste.

Lorsque nous avons atteint les vergers, les plus grands enfants et les professeurs étaient déjà au travail dans un coin du champ, et le spectacle des faux en action était un régal, bien plus beau que celui de n'importe quel engin mécanique puant. Les mouvements rythmiques, évoquant un ballet, le crissement régulier de la lame, et le riche, lourd arôme de l'herbe étaient enchanteurs. Une fois l'herbe coupée bien alignée, les enfants plus jeunes devaient la tourner sous le soleil pour qu'elle grille, sèche et soit prête pour la fourragère avant qu'on l'emmène pour en faire de blondes meules.

Nous avons rapporté un peu de foin au zoo des enfants, et le bison et le daim se régalèrent de ce fourrage frais, fondant. Puis, acccompagnés par la botaniste du zoo, Liouba, nous sommes allés chercher des fleurs dans la forêt ; la meute des enfants s'éparpilla pour nous cueillir des fraises des bois. Liouba nous montra des trésors dans les sous-bois, des plantes qui non seulement étaient rares et magnifiques à observer mais avaient des noms fascinants : l'ellébore rouge, par exemple, qui est plus violacée que rouge, et la petite orchidée papilionacée, d'un beau blanc délicat et devant sans aucun doute son nom à sa ressemblance avec un papillon. Il y avait aussi l'ancolie, de la famille des renoncules, une belle fleur élancée ne ressemblant en rien aux renoncules jaune canari de mon enfance, et l'arnica des montagnes pareille à une marguerite jaune. Consultant notre petit guide, j'ai été frappé (ce n'était pas la première fois) par l'imagination des botanistes quand ils baptisent des plantes. Je dois avouer que bien que ce soit un privilège de contempler des plantes rares et magnifiques, je m'épris plus particulièrement d'une fleur commune ; non seulement elle est très jolie, mais son nom est lié à une belle histoire romantique. On l'appelle Ivan-et-Maria ; au milieu de la tige se serrent de minuscules gueule-de-loup jaunes et au-dessus, des feuilles vertes qui virent au violet et à l'argent. On dirait deux plantes en une et cela correspond exactement à la légende : il y a longtemps, Ivan et Maria (natifs de deux villages différents), tombèrent éperdument amoureux l'un de l'autre. Hélas ! le caprice d'un tsar malfaisant empêcha leur mariage. Ils demandèrent alors à Dieu de les unir dans la mort puisqu'ils n'avaient pu l'être dans la vie. Ainsi retournèrent-ils à la terre sous la forme de cette fleur double : Maria en délicats pétales et Ivan en robustes feuilles violet, vert et argent.

Nous avons passé de très agréables moments au milieu des fleurs et des enfants et, à notre retour, une bonne nouvelle nous attendait : un autre nid de cigogne noire avait été localisé. Le lendemain matin, nous sommes partis tôt dans la forêt. En général, ces oiseaux ont tendance à se nicher dans les endroits les plus inaccessibles, mais, assez curieusement, ce nid n'était

Nous avons visité l'école locale qui est très orientée vers la protection de la nature. Les enfants s'occupent eux-mêmes de leur ferme et nous sommes allés avec eux faire les foins dans leur verger ensoleillé.

qu'à quelques centaines de mètres de la route. Le sol de la forêt était couvert d'un épais édredon de mousse vert et or sur lequel poussait une forêt miniature d'airelles, justement à maturité, et que nous mangions tout en marchant. A nouveau, il y avait des fleurs sauvages à profusion, certaines ressemblant à des amas de dentelle, d'autres à de petites digitales jaunes et blanches. Il y avait aussi de minuscules fleurs d'un bleu vif et d'autres, dans des teintes variées de violet et de lie de vin, qui évoquaient des pelotes d'épingles victoriennes en velours. Bientôt, nous arrivâmes dans une clairière où se dressait un énorme frêne et, au milieu de ses branches, à une douzaine de mètres de hauteur, était logé le nid de cigogne, énorme construction, profonde de plus d'un mètre et d'un diamètre d'environ deux mètres.

C'était manifestement un nid ancien qui avait été amoureusement amélioré au fil des ans, au fur et à mesure des saisons de reproduction. Nous avons tourné avec précaution autour de cet arbre pour trouver un bon angle de vue et nous avons pu y apercevoir deux oisillons bien gras. Ils portaient encore leur plumage de bébé d'un blanc sale et avaient de longs becs jaunes. Ils nous jetèrent un regard désespéré comme s'ils portaient tout le fardeau du monde sur leurs épaules voûtées. Assurément, ils se méfiaient de nous, car alors que nous marchions autour de l'arbre, ils réintégrèrent leur nid. Après les avoir observés quelque temps, nous laissâmes là Rodney pour qu'il tente de prendre quelques clichés des parents, et nous sommes repartis sur un tapis de mousse, tout en dégustant des poignées d'airelles.

ASKANIYA NOVA
La dernière steppe vierge

Askaniya Nova

Cette région a dû émerveiller les premiers colons. Odorant et coloré, un tapis de fleurs à perte de vue.

« Cher lecteur ! Peu importe que vous habitiez Arkhangelsk ou Grodno, Riga ou Yalta, Paris ou Washington. Vous êtes entouré par la nature, qu'elle soit sauvage ou cultivée, cette nature si chère à chacun, qui éveille en nous, où que nous errions en ce vaste monde, de singulières réminiscences d'enfance, de premier amour et de bonheur. »

C'est de cette façon charmante que commençait notre petit guide anglais sur l'une des plus célèbres réserves soviétiques, Askaniya Nova. L'histoire de cette réserve de 11 000 hectares, située en Ukraine — un des derniers espaces de steppe réellement vierge qui subsiste au monde —, est tout à fait étonnante. La Grande Catherine essayait d'implanter des colons dans les vastes steppes qui s'étendent autour de la mer Noire, et un jeune Allemand sans le sou, Johann Fein, releva le défi. Tenter d'exploiter une ferme dans un lieu aussi écarté, sujet à des hivers aussi rigoureux, était une gageure, mais le jeune homme gagna son pari. La famille Fein devint si prospère que le fils de Johann acheta dans le voisinage une bergerie nommé Askaniya Nova. Son arrière-arrière-petit-fils créa l'entreprise qui rendit Askaniya Nova célèbre. Il commença à y élever soigneusement des animaux devenus rares en Russie, pour tenter d'accroître leur nombre. Des animaux exotiques furent importés du monde entier dans le but d'étudier leur acclimatation, mais aussi d'améliorer, par croisements, le cheptel avec l'espoir, pour certains (comme l'élan d'Afrique orientale), de les apprivoiser et d'en faire, utilement, des animaux domestiques. Askaniya Nova connut un tel succès que le tsar Nicolas y fit une visite, au cours de laquelle une grosse outarde lui donna un coup de bec. Cela ne l'empêcha pas d'anoblir la famille Fein, geste regrettable qui obligea celle-ci à quitter la Russie après la révolution. Mais tout le monde reconnut la qualité du travail accompli ; Askaniya Nova fut reprise et continua à s'étendre et à prospérer.

Arrivés sans encombre par avion à Odessa, nous avons raté le bateau et avons dû attendre l'hydrofoil. Je ne m'en suis d'ailleurs pas plaint, car cela m'a permis d'admirer les fameux escaliers d'Odessa qui servirent de décor au *Cuirassé Potemkine*. L'hydrofoil était rapide et très confortable. A l'arrivée, nous avons pris un car et, au crépuscule, nous avons traversé d'immenses étendues de steppe découpées en gigantesques champs, chacun — je le remarquai avec plaisir — soigneusement protégé par des arbres faisant office de coupe-vent.

Je ne sais pas très bien ce que j'attendais d'Askaniya Nova

Pages précédentes : *La dernière étendue de steppe vierge au monde avec un de ses habitants, le cheval de Przewalski* (en incrustation).

Les animaux exotiques furent introduits à Askaniya Nova en 1880, pour savoir s'ils pourraient s'acclimater aux conditions de la steppe. Plusieurs espèces y parvinrent : les nilgauts de l'Inde, les lamas d'Amérique du Sud, l'élan d'Afrique et le cheval de Przewalski de Mongolie.

dont j'entendais parler depuis des années, mais je fus extrêmement surpris de découvrir une ville florissante avec de grands bâtiments administratifs, des immeubles d'habitation pour les scientifiques et les différents travailleurs, de larges artères bordées de massifs de roses, et d'autres bâtiments abritant les laboratoires et les unités de recherche.

Le lendemain matin, on nous a d'abord emmenés au zoo. Askaniya Nova est à la fois un centre d'élevage, un zoo et une ferme. Au début, il est parfois un peu difficile de s'y retrouver, car les choses ont tendance à être légèrement embrouillées : par exemple, vous regardez un zèbre de pure race et, l'instant d'après, vous tombez sur un animal qui ressemble au fameux *quagga*, aujourd'hui disparu, dont la robe évoquait une grille de mots croisés, mais qui est, en réalité, le produit d'un croisement entre un zèbre et un cheval.

Nous avons visité un zoo classique avec des cages, des enclos, des volières, des bassins et des lacs, mais qui renfermait quelques magnifiques spécimens. Les demoiselles de Numidie étaient élégantes et décoratives, comme leurs petits. Il y avait quelques cygnes chanteurs au regard impérieux. Chaque fois que nous avançions trop près d'eux, ils justifiaient leur nom de façon sonore et martiale pour nous tenir à l'écart de leurs progéniture.

Nous avons eu le privilège de pouvoir approcher quelques outardes barbues. Je n'ai jamais vu d'oiseaux aussi magnifiques. Elles couraient autour de nous et venaient nous manger dans la

L'arrogant cygne chanteur, le plus grand, si gracieux sur l'eau mais qui, sur terre, a l'air de porter des bottes de caoutchouc pour la première fois. Ils sont si peu nombreux que leur chasse est désormais totalement interdite.

Ci-dessus : *L'un des oiseaux exotiques conservés à Askaniya Nova, un faisan des plus colorés.*

Ci-contre : *L'oie barrée, espèce rare en Union soviétique.*

main. Leur ventre est blanchâtre, couleur virant au gris ardoise sur la poitrine, le cou et la tête. Les mâles ont de longues moustaches de plumes, elles aussi grisâtres, qui vont de leurs joues jusqu'à l'arrière de leur tête. Mais c'est sur le dos, les ailes et la queue que les couleurs sont les plus délicates. Le fond varie du bronze au beige, avec des dessins gris foncé et noir, tachetés de blanc. On dirait une mer sombre dont les vaguelettes viendraient mourir sur une plage de sable. J'ai vu beaucoup d'oiseaux au plumage compliqué et charmant, mais pour ce qui est de l'élégance, je n'en connais aucun capable de rivaliser avec la grande outarde. Dans une volière emplie d'oiseaux, une outarde se fait autant remarquer que dans un cocktail la seule femme habillée par Louis Féraud. On essaie de réintroduire cet oiseau merveilleux dans des régions de la steppe où il a été exterminé par la chasse et l'extension de l'agriculture. On a fait éclore ici cinq ou six œufs, découverts dans des nids promis à la destruction par les charrues ; sauvés et ramenés au centre, ils ont constitué le noyau du groupe élevé en captivité. Deux autres outardes ont été trouvées au cours du dernier hiver particulièrement rigoureux, frigorifiées et mourant de faim. Soignées au centre, elles ont manifestement repris des forces, à en juger par la vigueur avec laquelle le mâle traita le sac qu'utilisa son gardien pour essayer de lui faire adopter une position plus commode pour notre photographe. L'oiseau réagit comme s'il s'agissait d'une autre outarde mâle venu le défier sur

Nous fûmes accueillis dans l'enclos par des outardes femelles qui vinrent nous manger dans la main. Elles se lissaient les plumes qu'elles perdaient comme des feuilles d'automne. Nous en avons triomphalement orné nos chapeaux. Malgré toutes les mesures de protection, leur nombre est en diminution constante. Elles sont particulièrement vulnérables, car elles se nichent à découvert dans la steppe : leurs œufs et leurs petits, victimes des charrues et des tracteurs, sont une proie facile pour les prédateurs.

*Les lamas (*à droite*), toujours sur leur trente et un, déambulent dans le paysage avec cet air effronté qu'on leur connaît bien. Descendus des hauteurs des Andes, rien d'étonnant à ce qu'ils s'adaptent aussi bien au climat froid de la steppe. C'est beaucoup plus surprenant de la part des nilgauts, originaires des plaines brûlantes de l'Inde (*ci-dessous*). Le markhor, originaire des montagnes de l'Asie centrale (*à l'extrême droite*), avec sa tête majestueuse et ses extraordinaires cornes torsadées, est un des membres les plus imposants de la famille des chèvres.*

son territoire. Il étendit les ailes, déploya sa queue à la façon d'un paon et attaqua le sac de son bec puissant, mordant et tordant le tissu, émettant des bruits du fond de sa poitrine. On aurait dit qu'il tapait sur un tambour ou plutôt sur un piano dans un impressionnant déploiement de férocité. L'extension des terres cultivées est bien sûr une nécessité, mais espérons néanmoins qu'il restera quelques endroits au monde où l'on permettra à cet oiseau si élégant de continuer à embellir notre planète. Ensuite, nous avons repris nos Jeep pour aller voir les animaux aux pieds fourchus et d'autres grands mammifères. Là, dans de vastes enclos, on trouvait des troupeaux de nilgauts d'Inde, de bisons américains — bossus, noirs et frisés — et de lamas bicolores, dont on aurait dit qu'ils portaient des chemises blanches sur des pantalons couleur chocolat. Les élans à l'allure aristocratique semblaient faire très bon ménage avec les turbulents gnous tachetés, qui dansaient un ballet sur l'herbe en

Ci-dessous, à gauche : *L'élan, élégant et aristocratique, est une figure marquante d'Askaniya Nova où on tente de l'apprivoiser. Cet animal magnifique pourrait à l'avenir remplacer le bétail des régions tropicales. Il est intéressant de noter que le bison d'Amérique du Nord* (page de gauche, au centre)*, qui est un animal de prairie, prospère à Askaniya Nova alors que l'on a échoué avec l'espèce européenne qui aime la forêt.*

Ci-dessous : *Comme toutes les variétés d'ânes sauvages, le bel* onagre *est menacé d'extinction. Pourtant, grâce à de rigoureuses mesures de protection, leur nombre a augmenté et on l'a réintroduit en Asie centrale.*

Le cheval de Przewalski, jadis très répandu, ne dut sa survie qu'aux zoos. Il est sur le point d'être réintroduit en Mongolie, grâce aux animaux élevés en captivité. Espérons qu'il ne subira pas le même sort que son cousin, le tarpan, habitué des steppes qui, lui, a totalement disparu.

émettant des ronronnements sourds. Je m'intéressais surtout à l'âne sauvage, ou onagre, et au cheval de Przewalski, ou cheval sauvage de Mongolie. Les onagres passèrent devant nous, tel l'éclair, leur robe luisante miroitant sous le soleil, leurs sombres crinières comme tressées flottant sur leur encolure. Ils coururent dans la même direction que nous, pendant un certain temps, puis firent un crochet avant de disparaître. Aujourd'hui, cet âne sauvage, très rare en Union soviétique, se reproduit très bien à Askaniya Nova.

Les chevaux sauvages de Mongolie sont des animaux trapus de couleur brun grisâtre qui, de loin, ressemblent un peu à des poneys gallois. A leur naissance, les poulains sont d'une teinte crème pale et n'acquièrent leur coloration adulte que vers l'âge de deux ans. Ces jolis petits chevaux ont été découverts au siècle dernier par le grand explorateur russe Przewalski. Autrefois nombreux, ils se sont faits rares à cause de l'extension de l'agriculture et de la concurrence des animaux domestiques. S'ils ont probablement disparu sous leur forme sauvage, quelques-uns ont heureusement réussi à survivre dans des parcs zoologiques en Russie, en Europe et en Amérique, où ils se reproduisent bien. Si bien, même, qu'il se tenait à Moscou, alors que nous étions à Askaniya Nova, une conférence à laquelle assistaient des représentants de zoos américains et européens et du plus remarquable zoo britannique, Marwell. Cette conférence était destinée à étudier la façon dont on pourrait réintroduire ce cheval en Mongolie, en utilisant pour cela les animaux élevés en captivité de par le monde. Espérons que la coopération internationale aura plus de succès dans ce domaine que dans celui de la réduction des armements.

Il y avait deux troupeaux de chevaux : l'un constitué d'un vieil étalon et d'une douzaine de juments avec leurs poulains, et un autre groupe de jeunes mâles. Le deuxième jour où nous sommes allés les filmer, nous avons assisté à un combat d'une rare sauvagerie. Avant notre arrivée, un des jeunes étalons, las de sa solitude, avait décidé de s'attaquer à la suprématie du vieil étalon sur les juments. Je ne sais pas depuis combien de temps durait le combat, mais les deux adversaires luisaient de sueur. Des traces de morsures étaient visibles sur leurs flancs et leurs épaules, dont le sang giclait à gros bouillons, éclaboussant l'herbe, alors qu'ils galopaient, poussant des cris aigus, sans cesser de se mordre et de se donner des coups de sabot. Les juments et les poulains, désorientés par toute cette sauvagerie, tournaient en rond comme devenus fous. On avait l'impression que ce sanglant affrontement ne cesserait jamais, car aucun des étalons n'abandonnerait avant que l'un d'entre eux ne tombe d'épuisement. A ce moment-là, un gardien à cheval intervint, armé d'un long fouet. Il réussit à séparer les combattants et à ramener l'intrus vers le troupeau des jeunes.

Dans l'après-midi, nous avons filmé d'autres activités d'Askaniya Nova où, en plus des animaux rares, on élève des animaux plus communs comme l'autruche, le nandou d'Amérique du Sud et l'émeu d'Australie, qui vont remplir les autres zoos soviétiques. Tous les zoos devraient adopter cet excellent système qui évite ainsi de capturer des animaux sauvages. Nous avons d'abord filmé des autruches élégamment vêtues de plumes, aux longues cuisses de danseuses, et elles se sont parfaitement comportées. Puis nous avons pénétré dans un vaste enclos où vivait un père émeu et sa couvée d'une dizaine d'enfants. Ce père émeu, animal très fougueux, prenait assez mal notre intrusion. Paul, parfois, quand il est pris par son travail, ne pense plus qu'à filmer, et il ne remarqua même pas les regards malveillants que lui jetait l'émeu. Quand il proposa de rapprocher à nouveau la caméra des petits, le père émeu jugea qu'il en avait trop supporté et, avant que quiconque ait pu intervenir ou

Les autruches sont des oiseaux très étranges, d'aspect comme de comportement, avec leurs longues cuisses nues de danseuses, leurs grands yeux rêveurs et leur bec où s'accroche toujours un sourire affecté.

L'émeu est le pendant australien de l'autruche. Il a l'air un peu ridicule, mais il peut vous éventrer d'une chiquenaude, ce qui a bien failli arriver à notre réalisateur. Ici (à droite), *le père protecteur, prêt à charger si nous approchions de trop près sa progéniture.*

Page de droite : *Au grand dam de leurs trayeuses, les élans refusèrent de se mettre en cercle et se montrèrent très indisciplinés* (en haut). *Heureusement, après beaucoup d'efforts, on put en faire tenir un tranquille et le traire. Lee faillit être débordée par les bébés élans* (en bas). *Le bac de lait étant vide, ils vinrent lui lécher les doigts. Ils allèrent jusqu'à la pousser contre la clôture dans l'espoir d'obtenir plus de pitance, et nous avons dû voler à son secours.*

même pousser un cri d'avertissement, il s'élança brusquement vers Paul, qu'il considérait comme le meneur de cette bande de gêneurs, et le mordit cruellement à l'entrejambe. Nous étions partagés entre l'horreur et l'envie de rire. Une morsure d'un de ces puissants oiseaux peut être extrêmement dangereuse et une autruche peut vous éventrer d'un seul coup de patte bien placé. Nous avons repoussé à coups de pied l'émeu toujours indigné et, sans lui laisser le temps de repartir à l'attaque, nous nous sommes regroupés autour de notre noble réalisateur afin d'évaluer les dégâts. Fort heureusement, l'émeu avait raté sa cible et Paul avait été blessé à la cuisse, ce qui avait été douloureux mais non désastreux. Lorsque je risquai une plaisanterie sur le plaisir que j'aurais eu à être filmé par un réalisateur soprano, Paul me jeta un regard glacial.

La tentative de domestication des élans est une des plus intéressantes expériences menées à Askaniya Nova. Ces élégantes et grosses antilopes procurent non seulement une viande succulente, mais également un lait riche et précieux dont on tire une substance excellente pour soigner la tuberculose, les ulcères de l'estomac et les blessures qui ne cicatrisent pas. La domestication des élans pourrait avoir des effets très bénéfiques pour certains pays d'Afrique : ils gagneraient beaucoup à posséder des troupeaux d'élans domestiqués (qui ont une alimentation très sélective), plutôt que de maigres troupeaux de vaches qui détruisent la flore. De plus, l'élan (outre qu'il est plus joli à regarder) est, contrairement à la vache, immunisé contre la mouche tsé-tsé.

Nous sommes donc allés filmer la traite des élans. On nous a annoncé qu'ils allaient être sortis de leurs étables et conduits dans un des enclos. Là, ils se tiendraient calmement en cercle afin d'être traits, puis partiraient brouter dans la steppe odorante. On nous avait toutefois prévenus qu'ils étaient extrêmement nerveux ; aussi devions-nous éviter tout bruit et tout mouvement brusque. Nous avons suivi ces instructions, marchant sur la pointe des pieds, parlant à voix basse, et faisant de notre mieux pour ne pas bouleverser le délicat système nerveux

Traverser la steppe de bon matin, alors que la faune et la flore s'éveillaient, avait quelque chose de magique. Les sabots des chevaux faisaient jaillir des fontaines de rosée et nous étions submergés par l'odeur de l'herbe et des fleurs qu'ils foulaient.

De tous côtés, on pouvait admirer de scintillantes toiles d'araignées.

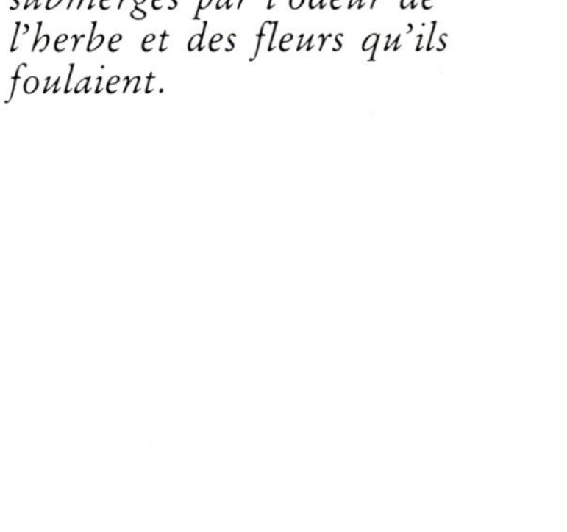

de nos vedettes. Puis vint le moment magique où les deux dames chargées du troupeau entrèrent en scène, munies de seaux pour récolter le lait, de tabourets de vachers, de baluchons de blé et, faveur spéciale, de sacs de pain. Tout ceci soigneusement mis en place, après un moment de silence, les portes s'ouvrirent.

Nous nous étions psychologiquement préparés à une attente de deux heures. Nous imaginions les élans scrutant timidement autour de la porte, nous observant, terrifiés, retournant à leur étable afin de trouver le courage de se lancer à nouveau dans l'aventure, lentement, avec précaution, repartant au moindre bruit, tremblant comme des paquets de nerfs. Rien n'aurait pu être plus loin de la vérité. Dès l'ouverture des portes, comme des enfants à la sortie de l'école, ce troupeau de majestueuses créatures se rua dans l'enclos, le regard brillant de curiosité. Elles bousculèrent les seaux de blé, donnèrent des coups de pied dans les tabourets, volèrent le pain et repartirent en courant ; elles s'approchèrent si près de la caméra que leur haleine embua les objectifs et, de manière générale, se conduisirent si mal que leurs trayeuses mirent un certain temps à les reprendre en main. Avec de considérables efforts et les appâtant grâce au pain qui n'avait pas encore été pillé, nous les avons fait mettre dans ce qu'on pourrait, avec de l'imagination, appeler un cercle. Mais à ce moment-là, la plupart d'entre elles étaient tellement surexcitées qu'elles ne purent donner du lait. Elles étaient bien trop occupées à se donner des coups de sabot ou de corne et à se voler mutuellement du pain. En réalité, nous ne réussîmes à récolter que quelques gouttes de lait de l'une d'entre elles, mais de toute évidence, le fait d'apparaître à la télévision les avait complètement déroutées. Le lendemain, pourtant, elles se conduisirent correctement et nous fournirent un plein pot de lait que nous bûmes plus tard. Il était délicieux, épais, crémeux et légèrement sucré. Ce serait merveilleux que

A l'aube, la brume se leva comme un rideau de scène et les divers acteurs de la steppe firent leur entrée : les marmottes bobak (en haut, à gauche), *assez rares aujourd'hui dans la steppe, ont l'allure de magistrats aisés et corpulents. La peau des minuscules crapauds, vert, rouge et fauve* (ci-dessus), *évoque une carte de géographie.* A gauche : *une vipère dont le dos porte de magnifiques dessins.*

Le soleil levant faisait étinceler le délicat stipe plumeux et chatoyer toutes les autres fleurs. C'est sans doute le dernier endroit où l'on rencontre encore cette espèce d'herbe.

*On trouve 450 espèces différentes de plantes dans cette steppe vierge, toutes aussi éphémères que la neige — un brasier de couleurs au printemps, avant que le soleil ne décolore la steppe qui vire au jaune ; l'herbe devient friable comme un toast et les fleurs meurent. Celles que nous aimions le plus ressemblaient à une sorte d'acacia (*page de gauche*), le* goniolimon tataricum, *un nom bien pompeux pour une si jolie plante.*

les élans puissent être domestiqués dans le seul but d'apporter de la beauté dans nos élevages domestiques.

Le dernier jour de notre séjour, nous sommes allés dans une région de la steppe vierge où l'on ne peut se rendre qu'à cheval, en charrette ou à pied, car cet endroit est demeuré tel qu'il était avant l'arrivée de l'homme au comportement destructeur. Nous voulions filmer des marmottes bobaks, ces gros rongeurs élégants, autrefois communs mais aujourd'hui en voie d'extinction. Malgré plusieurs échecs, la dernière tentative de réintroduction de l'espèce fut couronnée de succès.

Après un peu plus d'un kilomètre en charrette, nous avons entendu les premiers cris d'alarme des marmottes, car si nous ne pouvions les voir — pas plus qu'elles ne nous voyaient

—, elles nous avait entendus approcher. Nous avons alors abandonné notre véhicule pour avancer avec précaution. La steppe reprenait vie sous la chaleur du soleil. Les mantes, les lépidoptères, les papillons et les araignées, après s'être séchés de la rosée de la nuit, commençaient à se mouvoir au milieu de la resplendissante tapisserie des fleurs.

Soudain, le soleil fit se lever le rideau de brume qui nous entourait ; nous étions dans la cité des marmottes. Assis à l'entrée de l'un des terriers, se tenait le propriétaire gras et prospère, très bel animal au dos couleur châtaigne et au ventre jaune pâle, qui fut bientôt rejoint par sa compagne. Ils s'assirent tous deux hardiment, nous examinant avec méfiance. Comme nous ne bougions pas, ils se détendirent et commencèrent à manger. Puis leurs enfants vinrent se joindre au repas, se lavèrent la figure et pratiquèrent un peu de judo. Nous avons observé et filmé cette charmante famille pendant un moment puis, à regret, nous sommes repartis dans la steppe, avec le sentiment que nous aurions dû nous excuser auprès de ses habitants à chaque fois que, tels Gulliver, nous nous permettions une intrusion dans leur petit univers odorant et chatoyant.

Nick Drozdov nous rejoignit à Askaniya Nova et, le dernier jour, nous avons pique-niqué sur cette steppe chaude et parfumée de fleurs où les insectes festoyaient. Pour une fois, Nick n'avait pas son sac plein de cadeaux, mais sa présence à nos côtés dans un cadre aussi enchanteur suffisait à nous réjouir.

CAUCASE

Le retour du bison

Caucase

Après notre séjour dans les montagnes glacées, quel plaisir de goûter la chaleur de Tbilissi, capitale de la Géorgie, où sur les marchés nous avons pu trouver tous les fruits exotiques, notamment des grenades, rouges comme des soleils d'hiver et douces comme du miel.

L'histoire du bison européen est un excellent exemple de la façon dont une espèce peut être sauvée grâce à l'élevage en captivité. Autrefois, on trouvait des bisons dans de nombreuses forêts d'Europe et de Russie, mais graduellement, à cause de la chasse et de la destruction de leur habitat, leur nombre décrût et, au début du siècle, seuls subsistaient deux troupeaux, un dans la forêt Bialowieza, dans l'est de la Pologne et un autre sur les contreforts du Caucase. Les bisons sauvages survivants disparurent au cours de la Première Guerre mondiale et de l'après-guerre. Par bonheur, il restait encore quelques-uns de ces majestueux animaux en captivité. Une société pour la protection et l'élevage du bison fut fondée en 1923. Progressivement, leur nombre s'accrût et, dans les années cinquante, le bison retournait dans la forêt Bialowieza. En Union soviétique, on ouvrit, non loin de Moscou, un centre d'élevage dont on confia la direction au Dr Mikhaïl Zablotsky.

Nous avons traversé des kilomètres de forêt de bouleaux noyés sous la neige. C'étaient des arbres massifs, au tronc argenté, couverts de taches noires (toutes différentes comme les empreintes digitales), aux branches délicates, dépourvues de feuilles. Il faisait terriblement froid, mais sous le soleil et le ciel bleu pâle, leur écorce brillait comme si elle avait été fraîchement laquée. Les branches vert foncé des rares conifères que nous croisions portaient des manchons de neige. A la réserve, nous avons fait la connaissance du Dr Zablotsky et de sa fille Marina qui nous a expliqué le programme d'élevage. Sur les cinq mille hectares de la réserve naturelle, deux cents étaient consacrés à l'élevage des bisons. Soixante-dix animaux destinés à la reproduction y vivaient ; leur progéniture était emmenée dans le Caucase et les Carpates vers l'âge de deux ans. Ils y rejoignaient les jeunes spécimens élevés dans d'autres centres d'Union soviétique et, à la fin de l'été, étaient relâchés en petits troupeaux. Grâce à la réussite de ce programme, il y a aujourd'hui un millier de bisons sauvages dans les montagnes soviétiques.

Lorsque nous sommes allés voir les bisons ou aurochs, comme on les appelait autrefois, la présence, dans un enclos adjacent, d'un petit troupeau de bisons américains, nous a permis de comparer les deux espèces. Le bison américain est un animal solidement bâti, aux épaules hautes, voûtées, couvertes d'une toison bouclée. En comparaison, le bison européen, animal de forêt et non de prairie, est plus élancé, avec des pattes plus longues et une tête et des épaules moins massives. A notre

Pages précédentes : *Les montagnes du Caucase et le bison d'Europe.*

L'Union soviétique a réussi à réintroduire le bison européen dans son ancien habitat. Si, lors d'un pique-nique en forêt, vous avez le bonheur de rencontrer ces animaux, vous aurez beaucoup de chance, même s'il vous faut grimper sur un arbre pendant qu'ils dévorent vos sandwiches.

entrée dans l'enclos, ils nous laissèrent approcher jusqu'à moins de quatre mètres, sans cesser de mâchonner leur foin. Ils poussaient de profonds soupirs tout en écrasant de leurs sabots la neige durcie. Parfois, l'un d'entre eux laissait échapper un gargouillement évoquant le mugissement d'une vache domestique affligée d'une sévère laryngite. Lee, intriguée, demanda s'il existait une différence entre la voix de ce bison et celle de son cousin américain.

« Il n'y a pas grande différence, répondit Marina, sauf que les européens sont plus sinistres. » Nous eûmes soudain la vision de bisons ressemblant à ces héros voués à l'échec de certains romans russes dans lesquels chaque personnage semble toujours prêt à se suicider dans la grange la plus proche. Puis nous sommes allés voir le grand troupeau qui dispose d'un enclos d'une soixantaine d'hectares. Les bisons, évidemment, s'étaient évanouis dans la forêt, mais une dame fit son apparition, munie d'une imposante trompette dans laquelle elle se mit à souffler sans ménager ses efforts et, avant qu'elle ne soit victime d'apoplexie, les bisons, attirés par cette promesse de nourriture, se montrèrent, nonchalants, entre les arbres.

Nous n'avions pas le temps d'accompagner les jeunes bisons dans leur long voyage d'environ trois mille kilomètres vers la liberté dans les montagnes sauvages du Caucase. Nous nous sommes donc envolés pour Sochi, un joli coin de villégiature, sur les bords de la mer Noire, qui doit à la douceur de son climat son surnom de « Riviera de l'Union soviétique ». Nous avons

La différence entre le bison américain et l'européen apparaît nettement lorsqu'on les voit côte à côte. Le bison américain (ci-contre) est plus corpulent et massif d'épaules que le bison européen (page de droite), beaucoup plus élancé.

Les animaux, élevés aux portes de Moscou, sont transportés à des milliers de kilomètres dans les montagnes du Caucase et des Carpates pour former de nouveaux troupeaux sauvages.

Nous sommes allés dans les montagnes du Caucase voir comment se déroulait ce programme de réintroduction du bison.

chargé notre montagne d'équipement dans un énorme hélicoptère qui nous a emportés à une cinquantaine de kilomètres à l'intérieur des montagnes. Là, nous avons été rejoints par Anatoly, le chef des gardiens à cheval qui allait nous servir de guide. C'était un homme massif au sourire communicatif. Son travail consistait à passer des semaines seul dans les montagnes pour étudier les animaux de la réserve. Il nous considérait d'un air légèrement amusé comme si nous étions tous des enfants un peu attardés. Son anglais était des plus rudimentaires mais il le parlait avec un tel enthousiasme qu'il parvenait à se faire comprendre.

Ce fut un vol magnifique car, à basse altitude, nous pouvions apprécier le décor. Les montagnes, aux cimes neigeuses dépourvues de végétation, étaient couvertes d'arbres verts, jaunes, écarlates, et orange. Jaillissant des affleurements rocheux sculptés, des chutes d'eau s'écoulaient comme des écheveaux de batiste blanche. Dans les champs, nous apercevions la lueur ambre des rivières et parfois, un lac de montagne brillant comme un miroir. Au dessous de nous volaient des centaines de pigeons comme des poignées de confettis descendant à travers les vallées. Nous nous sommes posés dans un site magnifique et nous sommes installés dans une vaste maison de pierre, avec d'immenses chambres glaciales et une salle de séjour caverneuse que réchauffait heureusement un gigantesque feu de cheminée.

Sans prendre le temps de défaire nos bagages, nous sommes

remontés dans l'hélicoptère pour partir à la recherche des bisons. Nous sommes montés de plus en plus haut dans les montagnes. Soudain, l'hélicoptère descendit et vira : le pilote avait aperçu six chamois bondissant comme des funambules à travers la neige et les rochers. Dix minutes plus tard, nous avons découvert quatre chèvres égagres, ou ibex caucasiens. Nettement moins agiles que les chamois, ce sont cependant de très élégantes créatures avec de longues cornes recourbées comme de lourds cimeterres. Très excités, nous allions d'un côté à l'autre de l'hélicoptère, avec nos caméras et nos jumelles, échangeant des informations et des instructions dont personne ne tenait compte.

Nous étions déçus de ne pas avoir vu de bisons, mais sur le chemin du retour, alors que nous survolions le versant parsemé de neige d'une colline, nous avons découvert ce qui, à première vue, ressemblait à de gros rochers bruns. Notre pilote piqua dans leur direction et nous vîmes rapidement qu'il s'agissait d'un troupeau d'une trentaine de bisons. Une fois l'hélicoptère posé en toute hâte, nous avons sauté dans la neige. Fatigués par l'altitude, enfonçant dans la neige jusqu'aux genoux, nous avons tant bien que mal suivi les bisons jusqu'en un lieu escarpé et dégagé, où nous avons pu prendre quelques plans tandis qu'ils s'éloignaient au galop. Satisfaits de notre journée, nous sommes rentrés prendre un bon repas largement arrosé de vodka.

Le lendemain, nous sommes repartis dans deux Jeep pour

Une fois dans les montagnes, nous avons poursuivi notre voyage en hélicoptère au milieu des paysages les plus étonnants que j'aie jamais vus.

Double page suivante : *C'est là que, pour la première fois, nous avons aperçu le bison sauvage gravissant au galop les pentes raides et dévalant les collines comme un bolide. Les routes tracées dans la neige par les différents animaux convergeaient toutes vers le terrain salifère (*à gauche*). Sur des pentes plus élevées bondissaient des chamois (*au centre*). Nous sommes montés plus haut pour essayer de surprendre dans son domaine l'ibex caucasien (*à droite*), de la famille des chèvres. Nous avons eu la chance d'en voir un progressant majestueusement le long d'un champ de neige, d'un pas assuré.*

Ci-dessus et page de droite : *Voyageant en Jeep en quête d'ibex, nous nous sommes arrêtés chez un apiculteur qui nous fit enfiler des masques de protection. En montant de plus en plus haut, nous avons trouvé les sapins et les mélèzes drapés de lichens givrés et de feuilles ourlées de glace sous la morsure du vent.*

filmer des ibex au niveau du sol. Au bas de la montagne, nous avons trouvé des chênes et des hêtres jaunes et dorés dont les feuilles voltigeaient dans l'air et tombaient dans nos cheveux ou sur nos genoux. Nous avons longé un certain temps une large rivière peu profonde, couleur d'ambre. Chaque roc poli était surmonté d'une blanche crinière d'eau, puis nous sommes arrivés dans une vallée emplie de pommiers sous lesquels il y avait une véritable métropole de ruches peintes en bleu, jaune et gris. Nous nous sommes arrêtés pour les filmer et l'apiculteur nous a offert un grand pot de miel doré tout bonnement délicieux et des pommes jaunes qui, si elles ne payaient vraiment pas de mine, se révélèrent sucrées et croquantes.

Plus haut s'alignaient les sapins et les mélèzes, aux branches drapées de lichens gris-vert, que le vent agitait comme des rideaux ; plus haut encore, les lichens étaient figés par une couche de glace. Nous pouvions deviner la direction dans laquelle le vent avait soufflé grâce à la position des arêtes de glace sur les branches. A partir de 1 800 mètres, nous nous sommes trouvés au-dessus des nuages, que nous pouvions voir descendre dans les vallées. Le silence était tel qu'il nous semblait entendre les minuscules flocons se poser sur la neige. Il faisait terriblement froid et nous avons allumé un grand feu sur lequel nous avons fait cuire des brochettes et des saucisses, accompagnées de litres de thé. J'avais bêtement oublié mon chapeau et, très soucieux de mon bien-être, Anatoly insista pour que je me coiffe de sa toque de peau de lapin, ce dont je lui fus très reconnaissant, car j'avais l'impression de porter un brasero sur la tête. Puis nous sommes montés encore plus haut. Là, les

*La route émergea enfin de son linceul de brume. Nous étions sur les sommets. A cette altitude, on voyait les nuages se déplacer dans les vallées (*page de gauche*) et gagner les glaciers blottis entre les montagnes (*ci-contre*). Il régnait un tel silence que l'on entendait la neige tomber. Il faisait si froid qu'un feu et du thé nous comblèrent, et je fus reconnaissant à Anatoly de m'avoir prêté un couvre-chef (*incrustation, page de gauche*).*

arbres furent soudain remplacés par de minuscules rhododendrons. Nous étions dans le royaume des ibex et des chamois. Nous avons également vu des ptarmigans (plus exactement, Anatoly en vit à l'œil nu, car je fus incapable de les voir avec mes jumelles). Soudain, la silhouette d'un ibex se détacha sur une crête de neige, arrogant et majestueux, les cornes pointées vers le bas. Il fut rejoint par un autre et tous deux se mirent à avancer lentement, s'arrêtant de temps à autre pour nous jeter des regards dédaigneux. Nous les avons observés et filmés un certain temps, puis les nuages ont commencé à envahir les montagnes et, le manque de lumière nous empêchant de continuer à tourner, nous avons entamé la descente au milieu de rafales de neige.

Le lendemain, nous avons survolé en hélicoptère les montagnes dont les sommets étaient noyés dans les nuages. Vues de haut, elles donnaient l'impression d'un gigantesque lit défait, couvert d'une peau d'ours piquée de brun, de rouge et d'or. Puis nous sommes arrivés à Psloutch, où nous devions filmer une maison de forestier. Nous avons trouvé un lieu idéal pour installer notre camp, mais nous avons été très embarrassés lorsque nous comprîmes que Lee et moi devions partager le logis du forestier, Victor, et de sa femme Natacha. Je parle de notre embarras, car leur maison se limitait à deux pièces ; ils s'étaient installés dans la salle de séjour où brûlait un grand feu de bois pour nous laisser leur chambre dans laquelle ils nous avaient préparé deux lits de plumes — et ils ne voulurent pas entendre parler d'un autre arrangement. C'était un couple charmant. Natacha avait un visage de gamine, extrêmement mobile, elle ne possédait qu'une vingtaine de mots anglais, mais elle compensait par son talent de mime et ses mains expressives. Victor, barbu, ressemblait à un élégant conquistador au doux sourire, s'assurant en permanence que nos verres étaient pleins, puis nous étonnant en déclarant d'un air grave lors d'une pause dans la conversation : « *Gerry, I luff you* », tout à

Sur les crêtes, Anatoly repéra des ibex caucasiens, subsistant difficilement dans leur forteresse désertique de montagne.

fait en dehors du sujet dont nous parlions. Tous deux, anciens comédiens, avaient participé à de nombreux films puis, un jour, se sentant mal à l'aise au milieu de l'agitation d'Odessa, ils avaient postulé cet emploi et l'avaient obtenu. Leur minuscule logement, envahi de livres, de tableaux, de photos, était à leur image : séduisant et chaleureux.

Nous avons passé une soirée extraordinaire — quoique un peu trop arrosée —, au cours de laquelle ils évoquèrent leurs animaux favoris (cela allait de l'ours au chamois) et Natacha les imitait tous. Puis nous nous sommes laissés tomber dans nos lits douillets. A l'aube, lorsque nous sommes entrés dans la salle de séjour, nous avons découvert Natacha, visiblement levée depuis longtemps, en train de préparer le petit déjeuner, un festin de roi. L'énorme samovar plaqué argent de la grand-mère trônait sur la table. Il y avait également du lait frais (encore tiède), deux sortes de yogourts (un très aigre et un autre doux), du fromage de chèvre, des gâteaux, des petits pains au lait, du miel, des noix fraîches et de petites poires au sirop. C'était si délicieux que nous nous sommes conduits comme des goinfres.

Nous avons quitté à regret ces gens merveilleux, mais il nous fallait prendre l'hélicoptère pour retourner à Sochi ; de là nous devions prendre un train pour la Géorgie, où nous espérions filmer une migration : à l'arrivée du printemps, les animaux sauvages et les oiseaux montent vers les montagnes, accompagnés des troupeaux domestiques de moutons, de vaches et de chèvres et, dès les premières neiges, ils redescendent tous dans la plaine. Pourtant, à notre arrivée à Tbilissi, nous avons découvert que l'hiver avait été précoce et que tous les troupeaux avaient déjà quitté les montagnes, aussi sommes-nous restés cinq jours dans cette ville à filmer le très magnifique marché et les petites rues enchanteresses.

Puis, épuisés, nous nous sommmes envolés pour Moscou.

J'avais noté sur mon journal de bord : « C'est fou comme on se lasse vite du caviar rouge. Quelques jours de ce régime et vous sous sentez comme un joueur de billard atteint de troubles digestifs. »

Nous avons survolé les montagnes dont le faîte émergeait des nuages.

Un magnifique pagopède.

ASTRAKHAN ET KALMYK

Cormorans, corneilles et poissons-chats

Astrakhan et Kalmyk

En descendant la Volga, les remous de notre sillage dérangeaient toutes sortes d'insectes, surtout des libellules aux ailes brillantes qui vrombissaient.

La réserve d'Astrakhan qui couvre une grande partie du delta de la Volga, est particulièrement intéressante aussi bien sur le plan historique que scientifique. On pourrait penser qu'en 1918, Lénine avait autre chose à faire que de se préoccuper des réserves naturelles, mais en homme qui voyait loin, il croyait beaucoup à la protection à une époque où on commençait tout juste à la prendre au sérieux. Depuis des années, le delta de la Volga souffrait d'un trop-plein de poissons, tandis que les oiseaux, autrefois si nombreux, avait été décimés par les braconniers et leurs œufs volés pour fabriquer du savon. Les autorités d'Astrakhan proposèrent à Lénine un excellent projet de création d'une immense réserve dans les étendues très riches de la Volga, là où elle se sépare comme les doigts d'une main qui étreindrait la mer Caspienne. Lénine en comprit immédiatement l'intérêt et c'est ainsi que fut créée la première réserve d'Union soviétique.

Nous n'avons guère eu le temps de visiter Astrakhan, encore une de ces villes aux noms magiques que je rêvais de voir depuis ma jeunesse. D'après ce que j'ai pu en apercevoir alors que nous la traversions pour gagner le fleuve, elle avait l'air d'une ville confortable avec ses maisons anciennes recouvertes de bois et ornées de linteaux et de volets très joliment sculptés. Nombre de villes d'Union soviétique sont grandes, prétentieuses et à moitié inachevées. Comment, se demande-t-on, peut-on souhaiter vivre ailleurs que dans des maisons de bois comme celles-ci ? Je n'arrive pas à imaginer que quelqu'un puisse, de son plein gré, échanger une de ces charmantes constructions sorties d'un conte de fées pour un hideux gratte-ciel, esthétiquement aussi intéressant qu'une poubelle.

Finalement, nous avons atteint les rives de la Volga où nous attendait notre flottille : deux chalands équipés de tables et de chaises protégées par d'élégants vélums permettant de manger sur le pont et, en dessous, deux cabines pour deux personnes et une individuelle. Il y avait aussi un petit salon où se réfugier en cas de mauvais temps. Devant ce luxe, nous avions l'impression qu'on avait mis le *Queen Elizabeth II* à notre disposition. Quelle émotion de descendre la Volga, fleuve magnifique, élégant, varié, qui, s'il n'est pas le plus long d'Union soviétique, est certainement le plus célèbre.

Au début, le fleuve était large et d'une curieuse teinte brun-vert. Sur ses rives boisées, nous apercevions de jolies maisonnettes et parfois une petite usine dont la cheminée crachait d'épais nuages de fumée. Puis, alors que nous atteignions un espace plus dégagé, l'aspect de la rivière changea. Il y avait de

Page précédente : *La colonie de cormorans et* (en incrustation) *un bébé saïga qui, âgé de moins de deux semaines, court déjà à quatre-vingt kilomètres à l'heure.*

grandes prairies vertes, aux herbes très hautes, gardées par des rangées d'énormes vieux saules gras comme des douairières aux gros ventres marqués par des corsets trop serrés et pataugeant dans l'eau jusqu'aux genoux. Plus loin, une large haie de roseaux surmontés de leurs plumes blanches évoquait une armée alignée pour la bataille. Le bateau qui nous précédait laissait dans son sillage un muscle lisse d'eau verte qui ondulait comme la queue d'un dragon, frappait les roseaux, les faisait trembler, bruisser et plier, dérangeant des nuées de libellules aux ailes scintillantes. Par endroits, derrière les buissons de roseaux et les saules s'étendaient des hectares de tamaris en fleur, d'un très beau rose brun foncé. Je demandai pourquoi ces tamaris arrivaient juste à hauteur de genoux, pensant que ce pouvait être des espèces différentes des méditerranéennes que je connaissais bien ; en fait, les gens du coin les coupait pour alimenter leurs feux de bois et c'est pourquoi ils étaient si rabougris. J'ai toujours beaucoup aimé les tamaris, et cette couverture rose d'arbres miniature était vraiment un régal pour les yeux. Là où l'herbe était très haute et luxuriante, elle était évidemment remplie de grenouilles et représentait un terrain de chasse idéal pour les hérons qui pêchaient là par douzaines. On aurait dit qu'ils n'avaient pas de corps, car seuls leur long cou et leur tête émergeaient des hautes herbes. Alors que nous descendions lentement le fleuve, les bouquets de vieux saules devenaient de plus en plus denses. Ils étaient envahis de colonies de freux, dont les milliers de nids ressemblaient à

Notre bateau majestueux fendait les eaux en longeant les berges grouillantes d'insectes et d'oiseaux.

Goélands (en haut, à gauche) *et hirondelles de mer* (ci-dessus) *abondaient, remplissant l'air de leurs cris. Les grandes aigrettes* (en haut, à droite) *rôdent dans les prairies humides prêtes à saisir grenouilles ou poissons insouciants.*

Ci-contre : *La maison où nous logions* (en haut) *était entourée de prairies emplies du chant des grenouilles et du scintillement des libellules. En explorant les roseaux alentour* (au centre gauche), *nous avons découvert quantité de nids d'oiseaux de mer, certains avec des œufs, d'autres avec des petits qui semblaient abandonnés comme ce tout petit héron violet* (en bas, à gauche). *Au-dessus, dans les branches, logeaient de minuscules nids suspendus* (en bas, au centre). *Dans les arbres, des rolliers* (en bas, à droite) *s'affairaient à nourrir leurs petits. Tout d'un coup, surgit un sanglier sauvage* (au centre, à droite), *fourrageant en quête de racines, d'escargots, de nids ou autres babioles de ce genre.*

d'étranges fruits noirs dans la verdure, et les oiseaux faisaient un tel tapage que l'air vibrait comme à l'intérieur d'une gigantesque ruche.

Les hirondelles de mer, délicates comme des papillons géants, tout en se nourrissant, dessinaient de leurs becs des eaux-fortes sur l'onde verte. Des oiseaux de toutes sortes apparaissaient maintenant en foule. De grands cormorans, blanc et noir brillant, à tête noire, avec une curieuse marque ronde et pâle sur les ailes, survolaient au-dessus de nous avec l'air affairé d'hommes d'affaires américains pressés de conclure un contrat.

Nous avons alors quitté le cours principal du fleuve pour descendre un affluent, où les oiseaux étaient encore plus nombreux. L'espace en était rempli : des coucous, des faucons, se précipitaient à travers les saules ; chaque souche morte était décorée par le brillant plumage d'un rollier ; des hérons glissaient calmement dans l'air ; des hirondelles de mer, des corbeaux et des hirondelles communes rasaient les roseaux à la recherche des insectes que nous avions dérangés. Après avoir parcouru plusieurs kilomètres à travers ce feu d'artifice bouleversant pour un ornithologue, nous avons atteint le quartier général de la réserve, situé dans un charmant petit village, où l'on nous attribua une petite maison, sise dans une prairie inondée pleine de grenouilles aussi bruyantes que des enfants excités. J'ai passé là trois des plus beaux jours de ma vie, car non seulement la réserve était magnifique, mais elle était riche de si nombreuses formes de vie, animale et végétale, que nous ne savions plus où donner de la tête.

Nous avons exploré et filmé les multiples cours d'eau et les criques, en utilisant de petits canots à moteur. Nous ne mettions en marche ces derniers que pour nous rendre en un point précis puis, de là, nous nous laissions dériver au fil du courant. Quand nous partions le matin, nous suivions d'étroits et scintillants canaux d'eau jaunâtre, bordés de bruissants bosquets de roseaux, dans lesquels on apercevait çà et là des nids suspendus de mésanges, délicates constructions ovales de plumes et de duvet cueilli au faîte des roseaux. Les architectes de ces

Dans les roseaux en bordure des colonies de cormorans, les libellules s'accouplaient frénétiquement. Une ou deux fois par jour les parents cormorans s'envolaient vers l'embouchure du delta ou même plus loin vers la mer Caspienne pêcher pour leurs familles.

gracieux nids étaient de charmants oiseaux aux épaules couleur rouille portant un loup noir de bandit sur les yeux, qui évoluaient parmi les roseaux comme de minuscules acrobates. Les roseaux étaient pleins de grosses libellules bleues comme des delphiniums, voletant en duos de lune de miel, qui nous frôlaient dans un bruissement d'ailes. Le remous de nos bateaux faisait danser les nénuphars sur l'eau et les grenouilles vert cendré sautaient de l'un à l'autre ; aux endroits où l'eau était peu profonde, le fretin évoluait calmement, en formations serrées. Les grues demoiselles, d'un bronze brillant et bleues comme des myosotis, étaient occupées à pondre. Les mâles se tenaient droits sur la tête de leurs épouses, tandis que les pauvres femelles se balançaient en plongeant leur queue dans l'eau pour déposer leurs œufs sur les tiges des joncs des marais. C'est une méthode de reproduction très complexe : imaginez que l'on vous demande d'accoucher de quintuplés tout en lévitant avec votre mari juché sur votre tête...

Notre destination était une colonie de cormorans et alors que les cours d'eau se rétrécissaient, nous avons pu entendre leur tapage au-dessus de nous. On trouve là les grands cormorans, de beaux oiseaux d'un noir brillant avec du jaune autour de l'œil et à la base du bec, des joues blanches et une légère touche poivre et sel sur la tête et le haut du cou. Cette colonie comptait 1 200 couples, mais dans l'ensemble de la réserve Astrakhan, il y a une centaine de milliers de ces oiseaux. En continuant à dériver, nous avons atteint le cœur de la colonie. C'était un spectacle prodigieux. Partout, sur les arbres à moitié morts, blanchis par la fiente des oiseaux, on pouvait voir, faits de bouts de bois, d'énormes nids, certains de soixante centimètres de profondeur et de plus d'un mètre de diamètre. Ils étaient très près les uns des autres, se touchant parfois, et dans chacun se

Non seulement les cormorans ont un vol remarquable, mais ils sont aussi d'excellents nageurs et plongeurs, capables de poursuivre le poisson sous l'eau. Dans les nids ou à proximité, les petits, haletant sous le soleil brûlant, attendent le retour de leurs parents.

Se trouver au sein d'une telle foule d'oiseaux est une expérience extraordinaire. L'air vibre de cris et de bruits d'ailes. Dans cette cité avienne, rien n'est jamais immobile. Ici et là, on aperçoit de petites aigrettes (ci-contre) *luisantes comme des boutons de perce-neige. Le héron bihoreau* (à droite), *voûté comme un juge, est prêt à piller les nids des autres pour subvenir aux besoins de ses petits.*

L'ibis falcinelle (ci-contre), *aux plumes de soie chatoyante, pond ses œufs dans un nid bien caché, tandis qu'au-dessus, les spatules, aux becs extraordinaires en forme de raquettes de ping-pong allongées* (à droite), *retournent à leur nid en battant paresseusement des ailes dans l'air chaud.*

trouvaient les bébés cormorans, entre deux et quatre par nid — à cette étape complètement emplumés —, attendant que leurs parents reviennent les nourrir. Haletants, ils gazouillaient plaintivement comme des asthmatiques. Les parents ne partant jamais ensemble vers la mer, les pères ou les mères arrivaient sans discontinuer, le gave plein de poisson pour leurs enfants, et la colonie était perpétuellement en mouvement. Comment les enfants, à distance, reconnaissaient-ils leurs parents est demeuré pour moi un mystère, car tous les adultes me semblaient identiques. Leurs pépiements se changeaient en sifflements graves lorsque leurs parents arrivaient au nid. Lorsque l'un d'eux se posait, il était accueilli par de véritables sonneries de trompettes, et les enfants battaient des ailes, frappant leur parent à coups de bec pour le faire régurgiter. Ainsi stimulé, celui-ci ouvrait soudain son bec, dans lequel le bébé plongeait la tête pour avaler goulûment le poisson à demi digéré et encore tiède.

Nous avons passé de longues heures à observer les cormorans, les ibis falcinelles, les corneilles mantelées, les hérons garde-bœufs et nombre d'autres oiseaux, tout en discutant avec

Le parent cormoran fait une pause avant de nourrir ses petits impatients, tandis qu'une corneille mantelée attend tranquillement le moment d'effrayer les petits pour leur faire régurgiter leur nourriture (en haut, à gauche)*. La corneille et l'énorme poisson-chat* (en haut, à droite)*, guettant les détritus de ce brigandage qui tomberont à l'eau, sont la preuve que le cormoran est un maillon vital dans l'écologie du delta.*

Les cormorans revenant de la pêche, comme un chapelet d'ébène dans le ciel.

Un peu plus tard dans l'été, ce paysage ne sera plus qu'un parterre de lotus, un orchestre de trompettes vertes, et on trouvera dans les hauts fonds des bouquets odorants de châtaignes d'eau.

les ornithologues locaux de la mauvaise réputaton imméritée des cormorans dans le delta. Les pêcheurs de la mer Caspienne leur reprochent de manger trop de poissons et prétendent que leurs excréments brûlent et tuent les arbres. En fait, on a découvert que les cormorans sont bénéfiques pour le delta, car sans eux il y aurait moins de poissons et non pas plus. En effet, les oiseaux arrivent pour se nourrir lorsque les flots descendent la Volga, poussant une grande masse d'eau à travers le delta vers la mer Caspienne. Les excréments des cormorans, riches en azote et en phosphore, enrichissent tout le delta où vivent les petits poissons en leur procurant de la nourriture et en fertilisant les rives. En outre, les cormorans ne détruisent pas les arbres. Ils choisissent de vieux arbres et lorsque ceux-ci meurent naturellement au bout de deux ou trois ans, ils continuent à y nicher.

Nous avons observé une curieuse collaboration entre les corneilles et les poissons. En dessous des nids de cormorans, dans les eaux peu profondes, évoluent d'énormes poissons-chats, pouvant atteindre un mètre cinquante de long, avec une tête large de vingt centimètres ou plus, sans compter les moustaches. Les corneilles mantelées aux allures de bandits sont blotties dans les branches supérieures. Ces animaux extrêmement intelligents ont inventé un système d'attaque très subtil. Dès qu'un parent cormoran repart après avoir nourri ses enfants, les corneilles fondent sur le nid ; deux coups de bec bien placés, et les jeunes cormorans, de frayeur, régurgitent leur nourriture. Les corneilles s'emparent du poisson tombé dans le nid tandis que les poissons-chats se ruent sur le reste qui a glissé dans l'eau à travers les branches.

Nous aurions pu passer des semaines à la réserve Astrakhan, lieu fascinant où nous découvrions tous les jours quelque chose de nouveau. Dans le canal principal, le va-et-vient était incessant. Les cormorans traversaient le ciel comme des chapelets d'ébène ; les hérons volaient lentement, tête baissée, comme s'ils avaient été offensés ; le plumage soyeux des ibis falcinelles aux formes aérodynamiques passait du violet au bronze et au vert tandis qu'ils tournoyaient avant de rejoindre leurs nids. Non seulement le spectacle mais les sons étaient incroyables. A part le bruit des cormorans, on entendait occasionnellement l'appel profond, rauque, d'un héron, le tapotement du pivert faisant penser à des battements de cœur, le babil strident de l'effarvate, le vrombissement d'une libellule, le tournoiement des poissons-chats, le coassement des grenouilles dans les roseaux, les cris incessants des myriades de coucous évoquant une convention de banquiers suisses satisfaits de leur accord, le jacassement des pies et toujours le bruit de l'eau glissant doucement le long des flancs de notre bateau. C'était un endroit magique, mais nous devions maintenant nous rendre dans la république autonome de Kalmyk.

Nous voulions y filmer ce qui est certainement le plus étonnant des mammifères à pied fourchu, le saïga. C'est une créature étrange, de la taille d'une petite chèvre aux cornes en forme de lyre et au museau énorme avec lequel il souffle de façon étonnante. Je n'avais vu ces animaux qu'en photo, et j'étais extrêmement curieux d'en rencontrer un en chair et en os. Mon enthousiasme décrût cependant quelque peu lorsque j'appris qu'il nous faudrait cinq heures de voyage en bateau et sept heures de voiture pour parvenir à destination. Nous étions maintenant dans un terrain extrêmement aride, à certains endroits semi-désertique, appelé steppe sèche, totalement différent du delta luxuriant que nous venions de quitter. C'était un pays plat à perte de vue, couvert d'une courte végétation vert, argent et marron et, comme nous étions au printemps, jonché de parterres de fleurs sauvages. Vers le soir, nous avons aperçu des groupes de grues demoiselles et, à un moment, une grande concentration d'aigles des steppes, de très beaux oiseaux au regard impérieux et au vol extrêmement gracieux.

Nous enfonçant dans la steppe, nous n'avions, en sept heures de route, croisé qu'un petit hameau de quelques maisons. Nous avons soudain aperçu, se découpant sur le ciel, un vaste troupeau de saïgas broutant placidement, leurs sabots soulevant de petits tourbillons de poussière. Leurs têtes volumineuses paraissaient disproportionnées par rapport à leur corps, à cause de leurs gros museaux ridicules, mais leur cornes d'un jaune pâle étaient élégantes. C'était un spectacle magnifique que de les voir se déplacer lentement dans la steppe sous le ciel coloré par le soleil couchant. Les jeunes bêlaient de façon

En haut et page suivante : *Le saïga est probablement l'un des animaux les plus extraordinaires de la steppe. Son museau est gigantesque, son bêlement étrangement rauque et strident. Ses cornes en spirale sont très prisées en Orient à la fois comme médicament et comme aphrodisiaque. A condition de les respecter, nous pouvons vivre en parfaite intelligence avec les créatures qui partagent notre planète.*

stridente et leurs mères leur répondaient sur un ton plus grave.

Nous avons continué à avancer ; je commençais à me demander si nous n'étions pas perdus et si on n'allait pas retrouver dans un siècle nos ossements blanchis dans la steppe, lorsque je remarquai quelques lumières qui scintillaient devant nous. On avait tout bonnement construit à notre intention un minuscule village au milieu de nulle part. Il y avait une cuisine somptueuse, une immense tente pour loger l'équipe, deux énormes *kabitkas* — une servant de salle à manger et l'autre, de chambre-salle de séjour pour Lee et moi —, des douches et des toilettes séparées, et la « rue » de notre petit village était éclairée grâce à un gigantesque générateur. Notre parc auto-

mobile était constitué de notre autocar, deux Jeep, trois camions, une ambulance, et nous disposions d'un avion biplan de grande taille. Le responsable de ces luxueuses installations était le représentant de la télévision locale, un homme charmant qui serait facilement passé pour une réincarnation de Bouddha ; il fut ravi de constater notre joie quand il nous introduisit dans notre *kabitka*. Une *kabitka* est une grande construction du genre panier à homards, circulaire, couverte d'un dôme de laine de mouton bitumé. A l'intérieur, les murs étaient recouverts de couvertures de vives couleurs et, sur le sol, les tapis étaient jonchés de matelas et d'un amas de draps et d'oreillers. C'était le plus enchanteur et le plus confortable des

Un village « improvisé » (en haut) *fut monté pour nous par la population locale dans une région reculée de la steppe, où nous avons mangé dans une* kabitka, *tente des plus originales* (ci-dessus).

logements. Plus tard, nous avons rejoint la *kabitka* de la salle à manger pour un somptueux repas ; ses murs tendus de soie rouge lui donnaient un air légèrement oriental.

Le lendemain, nous avons pris notre avion privé pour repérer les saïgas. Vues de haut, nos *kabitkas* ressemblaient étonnamment à des chapeaux de champignons émergeant de l'herbe verte de la steppe. En assez peu de temps, nous avons découvert un petit troupeau de saïgas, d'environ trente ou quarante têtes, qui prit peur et s'enfuit alors que nous descendions pour les filmer. Peu après, nous avons trouvé des troupeaux de plus en plus importants jusqu'à ce que le sol se transforme en une mer de saïgas. Ce spectacle mettait du baume au cœur, car au début du siècle, les troupeaux de saïgas avaient failli être totalement décimés par la chasse non contrôlée. Puis, juste à temps, celle-ci fut interdite et, progressivement, on a vu revenir les saïgas qui se sont multipliés. Ils n'étaient plus que quelques centaines et, aujourd'hui, on en compte plus d'un million, dont 170 000 rien qu'à Kalmyk.

Nous avons déposé Rodney et Byron près du troupeau et avons utilisé l'avion comme une sorte de chien de berger chargé de rabattre le troupeau vers Rodney. Mais les saïgas avaient une autre idée en tête et refusèrent de prendre la direction que nous souhaitions. Après quelques vaines tentatives, nous avons re-

gagné notre camp pour mettre au point un autre plan. Nous avons donc décidé de déposer Rodney et Byron dans la steppe avec une petite tente où ils passeraient la nuit, en espérant qu'à l'aube ils pourraient filmer les troupeaux de saïgas qui passeraient. Mais, une nouvelle fois, ces derniers refusèrent de coopérer. En désespoir de cause, nous avons essayé une autre méthode qui, à notre grand soulagement, réussit. Ayant mis l'équipe en place aussi discrètement que possible (ce qui est difficile dans un terrain aussi plat qu'une table de salle à manger), avec les Jeep nous avons poussé gentiment le troupeau vers la caméra. Cela nous demanda du temps et de la patience, mais nous avons fini par obtenir ce que nous voulions.

Ces steppes étaient magnifiques et nous les avons quittées à regret. Nous étions désolés d'abandonner notre *kabitka* confortable et romantique, désolés de ne plus avoir à nous lever dans une aube bleu nacré pour nous rendre à la salle de bains en marchant sur un épais tapis de minuscules chardons, de fleurs blanches et jaunes et d'herbes si abondantes qu'à chacun de nos pas, elles dégageaient des senteurs inouïes. Quelle chance ont les saïgas de vivre dans ce monde odorant, de se mouvoir et de manger sur un tapis d'arômes qu'aucun chimiste ne saurait reproduire en éprouvette et de se coucher le soir dans un lit parfumé de fleurs...

Dans la kabitka *où nous travaillions et dormions, nous eûmes droit à de la musique kalmyk et à des danses exécutées par deux jeunes filles en costume national. A droite se trouve le plus éminent ornithologue soviétique, un ami qui a traduit la plupart de mes livres en russe.*

BOUKHARA

Sauver la saïga

Boukhara

Nous sommes allés à Boukhara filmer la gazelle goitreuse, menacée. Quel vilain nom pour un si bel animal !

Les horaires aériens russes sont malcommodes. C'est ainsi que, partis de Moscou à une heure du matin, nous sommes arrivés à Tachkent pour le petit déjeuner. Après nous être remis tant bien que mal de notre fatigue à l'hôtel, nous prîmes l'avion de Boukhara, cité au nom magique que je souhaitais connaître depuis longtemps. Nous survolâmes une curieuse étendue plate, couleur bronze pâle et café au lait, émaillée çà et là de cultures d'un vert intense. On aurait dit de la soie sauvage. Lorsque l'appareil entama le virage d'approche, nous pûmes enfin apercevoir, à travers la brume de chaleur, le bleu éclatant des dômes des mosquées, qui pointaient au-dessus de la ville chaotique comme des crocus dans un champ caillouteux.

La Capitale des tourterelles

Si Moscou est la cité des corneilles, Boukhara est la capitale des tourterelles. Il y en avait partout, roucoulant et flirtant jusque sous nos pieds sans jamais s'effaroucher. Nous allâmes d'abord visiter les diverses mosquées qui font la gloire de Boukhara. Avec leurs mosaïques bleu, vert et doré, qui donnent à leurs murs l'aspect d'une carapace de dragon, elles sont d'une splendeur digne de leur réputation. Le magnifique minaret de Kalyan culmine à près de cinquante mètres. Jadis, on précipitait de son sommet ceux qui avaient déplu à l'émir. On raconte qu'une favorite fut ainsi condamnée pour infidélité. Mais elle avait d'autres projets d'avenir ; le jour fatidique, elle se prépara avec soin, arborant ses plus beaux bijoux et se revêtit d'autant de jupes qu'il lui fut possible. Celles-ci se gonflèrent comme un parachute, et elle atterrit doucement, saine et sauve, au pied du minaret. L'émir en déduisit qu'elle était innocente, pardonna, et lui permit de reprendre sa place dans le harem. On m'a raconté cette anecdote au moins trois fois, dans des villes différentes et pour d'autres minarets d'Asie centrale, ce qui en dit long sur la façon dont se fabrique l'Histoire.

La mosquée de Kalyan est très impressionnante. Son immense cour intérieure, qui peut contenir douze mille fidèles, est encadrée de murs et d'arcades délicatement ouvragés. Lors de notre passage, des restaurations étaient entreprises. Là où les mosaïques avaient disparu, découvrant le squelette de briques brunes, des martins et des moineaux avaient fait leur nid, emplissant les anfractuosités de boules de plumes hirsutes. Des martinets s'étaient installés sous les arcades. Ils glissaient dans

Pages précédentes : *Nous avons trouvé de rares et charmantes créatures dans cette région désertique.*

Boukhara n'est pas seulement célèbre pour ses magnifiques tapis, mais aussi pour ses mosquées aux dômes bleus qui, vues d'avion, à travers la brume de chaleur,ressemblaient à des boutons de crocus. Les rues et les bâtiments regorgeaient de tourterelles des bois qui emplissaient l'air de leurs cris doux et harmonieux.

l'air, en escadrilles, passant et repassant sous les arches et les portails avec une précision digne des as de l'aviation.

Au centre de la cour se dressait un énorme mûrier blanc séculaire, chargé de fruits. Des femmes et des fillettes perchées sur l'arbre secouaient les branches, faisant tomber en pluie les fruits mûrs. Nous acceptâmes sans manières des poignées entières de leur succulente récolte.

Sur le dôme, semblable à un monstrueux crâne bleu qui surplombait une extrémité de la cour, était perché un nid de cigogne, tel un chapeau renversé fait d'un inextricable fouillis de brindilles. Hélas ! il était inhabité, et le destin des cigognes qui l'avaient bâti montre les ravages que l'homme peut infliger à la

Ci-dessus : *Le minaret de Kalyan d'où, dit-on, on jetait ceux qui avaient offensé l'émir en place.*

En haut, à droite : *Le nid de cigogne en haut du dôme est à présent abandonné, car les cigognes ont pour toujours quitté Boukhara. Ce nid sert aujourd'hui d'abri aux moineaux et aux martins.*

nature. Jadis, Boukhara était célèbre pour deux choses : ses tapis et ses cigognes. Fabriqués partout dans la région, les tapis étaient commercialisés dans la ville, et c'est pourquoi ils prirent son nom. Il y a des siècles, alors que chacun était occupé à tisser ces merveilles, les cigognes découvrirent les mosquées. Elles trouvèrent leurs dômes bien supérieurs aux arbres pour bâtir leurs nids. Leur constance fut telle que les aimables habitants de Boukhara installèrent un montant métallique sur chaque dôme, afin que les brindilles et les branches péniblement amassées ne glissent pas comme du mercure sur une sphère. C'est ainsi que chacune des coupoles bleues eut son nid de cigogne. Les cigognes sont des oiseaux conservateurs, qui construisent pour l'avenir. Tous les ans, elles renforçaient leurs nids, qui finirent par devenir aussi solides que les dômes sur lesquels ils reposaient. Mais après des siècles d'heureuse association, le désastre survint, caché derrière le masque du progrès. Jusqu'alors, les mares et les marais alentour avaient fourni aux cigognes les grenouilles, les poissons, les campagnols et les rats d'eau dont elles se nourrissaient. Mais les hommes se mirent à convoiter ces étendues marécageuses. C'était, semblait-il, un crime de lèse-humanité que ces eaux scintillantes, bruissantes de vie, aux rives brodées de fleurs ! On se dit alors qu'il était grand temps de mettre fin à ce gaspillage et d'assécher ce sol fertile pour le transformer en terres arables. Le beau garde-manger des cigognes, ces hectares brillant au soleil où elles pouvaient venir puiser tout ce qui leur était nécessaire, furent drainés, labourés, et transformés en champs de céréales mornement alignés comme des régiments à la parade. C'en était fait de l'amitié millénaire entre Boukhara et les cigognes. Aujourd'hui, quelques nids subsistent encore, les plus solides, devenus des abris à moineaux qui font leurs nids dans un nid.

Mais les grands oiseaux sanglés dans leur plumage noir et blanc ne sont plus là pour veiller sur eux en faisant claquer comme des castagnettes leur bec écarlate. Les dômes bleus sont déserts, et la perte est irrémédiable.

L'un des plus impressionnants portails de Boukhara est celui de la madrasa Nadir Divan-bigi, une école coranique. Une gigantesque mosaïque figure un oiseau à longue queue emportant quelque chose dans ses serres. D'après les photos que j'avais vues auparavant, j'en avais déduit qu'il s'agissait du mythique Phénix. Mais, à y regarder de plus près, je changeai d'avis : ce que l'oiseau tenait dans ses serres ressemblait à un éléphant, je fus convaincu que c'était le fameux Rokh de Sindbād qui avait une prédilection pour cet animal. Lorsque je leur soumis cette hypothèse, les gens du lieu me regardèrent avec consternation. Pour eux, la mosaïque représentait sans aucun doute Simurg, un oiseau qui consacrait sa vie à aider les autres animaux, et elle le montrait ramenant au bercail un mouton égaré. Je dis que cela n'avait nullement la forme d'un mouton et que l'expression qu'il arborait indiquait d'ailleurs qu'il était très loin d'apprécier les attentions du Simurg. C'était un sourire de gratitude, m'assura-t-on. Comprenant que si j'insistais, le dialogue pourrait tourner au vinaigre et troubler le calme de ce charmant jardin fleuri, je renonçai à poursuivre la polémique, et m'étendis sur un sofa traditionnel pour boire un excellent thé vert en admirant la mosaïque.

Au milieu de la cour de l'imposante mosquée de Kalyan trône un énorme mûrier dont les femmes de la ville viennent cueillir les fruits succulents.

Nous avons bu un délicieux thé vert dans les jardins qui bordent la madrasa Nadir Divan-bigi, sur laquelle une magnifique mosaïque représente l'oiseau Simurg. Il porte dans ses serres ce que les gens de là-bas considèrent comme un mouton, mais qui nous a semblé être plutôt un éléphant raté et très malheureux.

A la recherche des onagres et des gazelles goitreuses

Si nous étions venus à Boukhara, c'était principalement pour nous rendre dans le désert voisin, où vivent des onagres et des gazelles goitreuses. L'histoire de la préservation de cette espèce de gazelle mérite d'être contée. Il n'en existait presque plus à l'état sauvage, alors qu'on en trouvait un grand nombre servant d'animaux de compagnie. Avant de tenter de les récupérer, on prépara le terrain. De larges étendues de désert, où poussaient des *haloxylons* (un curieux arbre aux formes tourmentées dont les feuilles ressemblent à des aiguilles de pin à facettes), furent isolées par une clôture. On lança ensuite une campagne dans la presse et à la télévision pour expliquer la situation et demander aux gens d'apporter leurs gazelles apprivoisées au nouveau centre de reproduction. La population comprit l'urgence, et cinquante spécimens furents bientôt réunis. Quelques années ont passé, et à présent, il y en a des centaines.

Le centre de la réserve se compose d'un groupe de petits bâtiments construits près d'un lac, dont la rive bordée de roseaux est fréquentée par des martins-pêcheurs, des échassiers, des rousserolles des roseaux et de gracieux gorges-bleues. Nous rendîmes d'abord visite aux gazelles apprivoisées et aux petits élevés par le personnel. Les plus jeunes étaient d'adorables petites créatures au pelage caramel, avec d'immenses

yeux globuleux noirs et brillants et de grandes oreilles pareilles à des pieds-de-veau couverts de fourrure. Nullement farouches, ils venaient sur nos genoux lécher nos doigts ou vacillaient à nos pieds sur leurs jambes élancées.

Près des enclos, nous trouvâmes un groupe de sousliks très familiers. Ces petits rongeurs ressemblant à des écureuils vivent dans des « cités » souterraines qu'ils creusent eux-mêmes. Très affairés, ils ne cessaient de forer des galeries dans un jaillissement de sable, de grignoter, de courir d'un trou à l'autre, s'immobilisant de temps en temps pour nous observer de leurs yeux proéminents, la moustache frémissante de curiosité.

Après avoir fini de filmer les sousliks, nous prîmes une voiture pour aller dans le désert, à la recherche de gazelles sauvages et d'onagres. C'était un pays plat, couvert d'un sable fin comme du talc, ponctué de bouquets d'*haloxylons* et étoilé çà et là des fleurs multicolores du désert. Certaines évoquaient des pyramides lavande claire, d'autres avaient la forme d'une boule blanche avec un noyau orange vif comme un œuf poché, d'autres encore montraient des pétales ayant l'aspect de dominos d'un jaune éclatant mouchetés d'orange. Elles apportaient une touche de gaieté dans ce pays austère. Les arbustes étaient pleins de tourterelles et de moineaux, et nous aperçûmes une huppe voleter à la recherche d'insectes, sa crête dressée comme la coiffure de plumes d'un chef peau-rouge. L'*haloxylon* est un arbre étrange, capable de s'acclimater aux sols les plus inhospitaliers.

*L'*haloxylon *est très important dans le désert. Non seulement il sert de coupe-vent, mais ses racines robustes retiennent le sable.*

Ces merveilleux bébés gazelles, âgés de quelques semaines, étaient nourris à la main. Ils étaient destinés à rejoindre une autre réserve pour y créer un nouveau troupeau.

A ce stade de leur évolution, les bébés gazelles candides, confiants et peu assurés sur leurs longues et élégantes pattes, sont très vulnérables. La couleur de leur pelage représente leur seul moyen de défense : en l'absence de leurs mères, ils se lovent sur le sol où ils se confondent avec le sable et les arbustes du désert.

Page suivante : *Dans les petits roseaux des bords du lac nichent une multitude d'oiseaux* (incrustations de haut en bas) : *la bergeronnette printanière flavéolée à tête noire, becquette des myriades d'insectes ; les échassiers arpentent les hauts fonds, perchés sur leurs hautes jambes effilées ; un mâle et une femelle de gorges-bleues, les premiers que je voyais. Au crépuscule, les roseaux résonnaient des chants de tous les oiseaux.*

Les colonies de sousliks construisent des « cités », où vivent et s'affairent de nombreux animaux. Ce sont de petits rongeurs vifs, curieux, pleins de charme qui, au dire des fermiers, saccagent le sol en creusant leurs galeries. Mais comme ils étaient là avant les fermiers, je pense qu'on devrait les laisser tranquilles.

Ceux-là mesuraient de deux mètres à deux mètres cinquante, sauf quelques spécimens vénérables qui dépassaient cette taille. L'*haloxylon* coupe le vent et fixe le sol, si bien qu'on en a planté une immense couronne autour de Boukhara pour éviter que les sables du désert ne submergent la cité des mosquées bleues.

Après avoir longtemps sillonné ce désert blanchâtre, nous tombâmes enfin sur un groupe d'une vingtaine de gazelles sauvages musardant dans un bosquet de jeunes *haloxylons*. Elles étaient très méfiantes, mais conduisant avec précaution, nous pûmes les approcher d'assez près pour les filmer pendant quelque temps. Soudain, prises de panique sans raison apparente, elles s'enfuirent, bondissant à travers la forêt miniature comme des poissons fauves dans une rivière. Nous tentâmes de les suivre dans l'espoir qu'elles s'arrêtent, mais leur peur était telle qu'elles prirent une vitesse étonnante et disparurent bientôt dans la brume de chaleur, si intense que l'horizon s'apparentait à du verre en fusion.

Une curieuse vedette

De retour au centre, nous pûmes examiner les créatures du désert qu'on avait rassemblées pour notre tournage. Parmi les plus belles prises, figuraient une tarentule velue comme un chaton, un scorpion long comme une cuiller à café qui semblait sculpté dans un vieil ivoire et quelques geckos corpulents à la peau grise, à la face jaunâtre, avec de grands yeux étincelants enchâssés comme des joyaux. Le charme de ces derniers résidait surtout dans leur bouche relevée aux commissures en un sourire timide et dans une ligne épaisse au-dessus des yeux qui leur donnait l'air de porter de ridicules faux cils. Il y avait aussi un hérisson du désert avec un nez en forme de bouton de

bottine et des oreilles d'âne. Mais la vedette incontestée du spectacle était un varan, qui écumait de rage dans la cage où on l'avait enfermé. Avec sa peau rouge brique agrémentée de bandes et de taches, il semblait enveloppé dans un fichu de dentelle noire d'un style très moderne. Dès qu'on approchait de sa cage, il manifestait une colère arrogante, debout, dos arqué, la gorge gonflée, sifflant comme une bouilloire, griffant l'air de sa langue jaune en guise de fléau d'armes et frappant les barreaux avec sa queue pareille à un fouet.

Même dans cette rude région désertique, on trouve à profusion des fleurs qui brillent comme des joyaux sur les terrains secs et monochromes.

De fortes mâchoires

Nous emmenâmes tout ce beau monde avec nous dans le désert, afin de le libérer et de filmer chacun dans un site approprié. Tous se montrèrent coopératifs, la tarentule féroce à souhait, le scorpion recourbant sa queue comme une anse d'ambre pâle, le hérisson trottinant les oreilles pointées, les geckos promenant leurs cils et leurs yeux candides avec le sourire réservé de jeunes filles étrennant leur premier maquillage. Vint le tour du varan.

Il était resté assis dans sa cage, l'œil torve et la queue prête à frapper. Il s'agissait maintenant de le sortir de là sans mal pour lui ni pour nous. Je fis remarquer à John Hartley que puisque il avait eu la sotte idée de faire inscrire « herpétologiste » à la rubrique « profession » de son passeport, c'était à lui de s'en charger. Sans se faire prier, John saisit un sac et ouvrit la cage avec l'intention d'y enfermer la tête du varan. Rapide comme l'éclair, le reptile referma sa mâchoire comme un étau sur un coin du tissu. La partie la plus dangereuse de l'animal étant ainsi neutralisée, John en profita pour le saisir par l'échine et par la queue, puis le sortir de la cage. Mais nos problèmes n'étaient pas pour autant résolus. Il ne lâchait pas sa prise, et comme il

Le varan du désert (ci-contre, en haut). *Il est sur le point de dévorer le pouce de John Hartley* (ci-contre). *Peu après, libéré, il s'est éloigné, dédaigneux, sifflant de rage. Le magnifique et insaisissable onagre* (ci-dessus). *Un petit troupeau d'entre eux partage son territoire avec les gazelles.*

nous semblait qu'un varan filmé errant dans le désert en traînant un morceau de sac n'aurait pas l'air très naturel, il fallait la lui arracher. Pas question d'ouvrir la bouche par la force, nous aurions risqué de briser les os de la mâchoire. On décida de couper à ras ce qui dépassait, afin de rendre invisible de l'extérieur l'objet incongru. John venait juste d'achever ce délicat travail, lorsque le varan ouvrit soudain la mâchoire pour la refermer sur son pouce après avoir recraché le morceau de tissu. On finit par le délivrer, mais l'ongle était fendu et la chair déchirée. Nous transportâmes l'animal un peu plus loin, afin de le libérer dans une zone du désert vierge du sang de John. Cette fois-ci, le varan se montra bien élevé. Il se mit à arpenter majestueusement son désertique royaume, s'immobilisant de temps à autre pour observer les bosquets d'*haloxylons* d'un œil luisant, et finit par disparaître dans un trou de souslik heureusement inhabité.

Il ne restait plus que les onagres à filmer. Il nous fallut beaucoup de temps pour les trouver, dans une zone aride presque dépourvue d'*haloxylons*. Il y en avait une douzaine, les femelles et les petits ensemble, l'étalon restant sur ses gardes deux cents mètres plus loin. Il était clair que ses femmes et ses enfants attendaient ses instructions, car bien qu'ils fussent alarmés par notre présence, ils se contentaient d'aller et venir, tandis que le chef nous fixait de son regard altier. C'étaient des animaux semblables à des mules, à la robe lisse et fauve, avec une crinière nette comme une haie fraîchement taillée. Comme ils s'habituaient à notre présence, nous pûmes tourner quelques bonnes séquences. Mais au bout d'environ un quart d'heure, sans raison apparente (peut-être nous étions-nous trop avancés), l'étalon décida que cela suffisait, et fit quelque imperceptible signal. Toute la horde s'ébranla comme un seul animal, le mâle fermant la marche, et disparut à l'horizon dans un nuage de sable blanc.

Page précédente, en incrustation : *Le charmant hérisson du désert aux oreilles d'âne et les geckos à la peau de velours qui ont l'air de porter des faux cils.*

TCHATKAL

De Tian-Chan à Samarkand

Tchatkal

La légendaire cité de Samarkand : Un feu qui couve sous la brume chaude. Comme nous aurions aimé y arriver à dos de chameau plutôt qu'en avion.

Page de droite : *Samarkand est une ville d'énormes dômes et de massives arcades, en pleine restauration lors de notre passage. L'immense arcade de la madrasa Shir Dar* (en incrustation), *superbement décorée de tigres féroces et de soleils resplendissants, est une des œuvres architecturales les plus remarquables.*

Pages précédentes : *Les collines enneigées de Tchatkal et le marché de Samarkand* (en incrustation).

L'avion pour Samarkand avait du retard, mais l'aéroport de Boukhara étant très agréable, nous ne songions pas à nous en plaindre et l'attendîmes en paressant à l'ombre d'un vieux pommier. Une fois dans l'appareil, je me surpris à penser qu'il était quelque peu sacrilège d'aborder la fabuleuse cité avec un moyen de transport aussi trivial. Alexandre et Gengis Khān étaient certainement arrivés à cheval, et Marco Polo sans doute sur le dos d'un splendide chameau à deux bosses. Le progrès ayant chassé le romantisme, nous n'avions nous, que cette bruyante et malodorante machine.

Les dômes bleus de Samarkand apparurent bientôt dans la brume de chaleur comme des œufs dans un nid. Peu de villes au monde ont un tel parfum d'exotisme. Circulant dans les larges rues bordées d'arbres, nous longions de gigantesques arcades ornées de mosaïques vert océan, jaune et outremer. Les couleurs chatoyantes des costumes traditionnels transformaient la foule dense en un tapis persan animé. Serties dans les murailles, de minuscules échoppes débordaient de gigots, de poulets, de châles de soie, de pièces de tissu multicolores et d'innombrables épices. Toût ici évoquait l'atmosphère capiteuse des *Mille et une Nuits*.

Nous passâmes l'après-midi à visiter les mosquées et le marché en compagnie de notre guide Inez, un homme charmant et de science sûre, qui parlait un anglais impeccable. Les cours des mosquées étaient spacieuses et les carreaux de couleur agencés dans une superbe complexité. Il y avait beaucoup de restaurations en cours, tâche énorme et difficile, car bien souvent les fondations avaient cédé sous le poids des siècles, et des fissures se lançaient à l'assaut des arches et des dômes. Il avait d'abord fallu renforcer les bases de ces structures monumentales par des injections de béton. Cela prit un certain temps, mais une fois ce travail terminé, il devint possible de procéder au remplacement des carrelages fendus par d'autres de même couleurs, fabriqués selon les méthodes ancestrales. Les briques supportant les carreaux sont cimentées pour assurer une meilleure adhérence. C'est là une entreprise de très longue haleine, mais un jour enfin, ce ravalement permettra de garder à jamais la beauté millénaire de ces mosquées aux subtiles arcades.

Le marché était si somptueux et coloré qu'on ne savait où donner des yeux. Avec leur teint de pêche et leurs beaux yeux sombres en amande, les jeunes femmes ressemblaient à des

L'intérieur des bâtiments est aussi beau et recherché que l'extérieur. On y rencontre une telle variété d'individus qu'on ne sait plus s'il faut s'intéresser à l'architecture ou à l'ethnologie.

L'entrée du fantastique marché, qui était déjà ancien à l'époque de Marco Polo et où il a sans doute fait ses courses. A l'arrière-plan, on peut apercevoir les travaux de restauration de la grande mosquée de Bibi Khanum.

Tibétaines. Beaucoup avaient les cheveux noués en tresses épaisses, et les jeunes mariées étaient coiffées d'un petit chapeau rond décoré. Le vêtement de base consistait en une robe brillamment colorée descendant au genoux et recouvrant un pantalon de soie souvent brodé d'or. Toutes les vieilles femmes avaient une silhouette imposante, avec une poitrine généreuse et des fesses rebondies, et le visage hâlé recouvert d'un réseau de rides. Les vieux, quant à eux, étaient bruns et secs comme de la viande boucanée et portaient sous leur nez en bec d'aigle une barbe grise et moussue.

Les étals croulaient sous les marchandises. Des amoncellements de carottes et de choux, des pyramides de pommes dorées disputaient la place à des montagnes d'épices aux mille couleurs, des monceaux de raisins secs, des paniers pleins de graines d'abricots rôties et salées.

Un grand bâtiment abritait le marché aux laitages et au miel. Là trônaient des jarres géantes de crème et de lait, entre lesquelles étaient précairement étalées sur des feuilles de plastique des tas de lait caillé que des vieilles, glapissantes, ridées comme des lézards, retenaient de leurs mains brunes pour qu'ils ne glissent pas vers le sol. Plus loin étaient alignées de grandes mottes de beurre, parfois jaune paille, parfois brillant comme des pépites d'or. Une partie du bâtiment était réservée au miel. Il y en avait de toutes sortes, certains clairs comme du beurre, d'autres bruns, d'autres enfin sombres comme du goudron, tous brillants et exhalant le lourd parfum musqué produit par mille fleurs. Dans de grandes jattes en étain, on avait entassé pêle-mêle des rayons et le miel liquide se déversait comme une mer d'ambre sur des récifs exotiques.

Dans un lieu aussi immense et agité que celui-là, tout se brouille vite dans la tête, et il ne reste plus que quelques images disparates : des hommes à l'aspect farouche, poignard à la ceinture, buvant debout de grandes chopes de bière débordantes de mousse ; un coin sombre où gisent entravés des poulets, des canards et des dindons en un gros tas de plumes piaillantes ; au bout d'un sombre passage voûté débouchant sur une courette éclairée par le soleil, un nabot de moins d'un mètre, se pavanant, dansant presque, un poulet dans une main et une pomme dans l'autre. Il y avait ce groupe de gens examinant des pommes de terre germées à la peau parcheminée, avec l'air concentré de critiques d'art évaluant un Rembrandt douteux. Il y avait ce très vieil homme, au visage tout en rides comme un bébé singe, avec les joues creuses et le regard soucieux. Il portait un petit turban et un manteau bleu étonnamment long dont les manches dépassaient de vingt centimètres l'extrémité de ses mains. Courbé en arceau de croquet, il allait de place en place avec la lenteur et la détermination d'une tortue, s'arrêtant fréquemment pendant une minute ou deux pour sommeiller au soleil. Le sol entier du marché était semé de crachats, et je pensai qu'après vingt mètres de marche mes semelles avaient dû ramasser une variété de germes susceptibles d'intéresser un Louis Pasteur. Ce marché était l'un des plus beaux que j'aie jamais vu, et il aurait fallu deux semaines

Ci-dessous et ci-contre : *Dans ce marché somptueux, on trouve de tout pour tout le monde. Des arcs-en-ciel de légumes et de fruits, de gigantesques nuages blancs de lait caillé, des miels de toutes les couleurs imaginables, riches et musqués. Le marché ouvre à l'aube et bat son plein au milieu de la matinée. Là encore, on est tellement captivé par la variété incroyable des gens qu'on a du mal à se concentrer sur les produits exotiques qui y sont vendus et achetés, depuis le thé vert jusqu'au tabac à priser fait maison en passant par les graines d'abricots grillées.*

pour le visiter comme il le mérite. Si l'on songe qu'il était déjà ancien sous Gengis Khān et que Marco Polo y a sûrement fait ses emplettes, on est saisi d'émotion devant ce passé soudain resurgi.

De retour à Tachkent, nous apprîmes que la route conduisant vers notre prochaine destination — la réserve de Tchatkal, sur la

crête des monts Tian-Chan — avait été emportée par un glissement de terrain. Nous avions en perspective quatre heures de Jeep et six heures de cheval. L'équipe décida de se lancer dans l'aventure avec l'espoir de tourner quelques bonnes séquences, tandis que Lee et moi-même emprunterions un hélicoptère.

La chaîne de Tchatkal commence dans les monts Tian-Chan, on y voit des traces de neige du dernier hiver. Les survolant en hélicoptère, nous avons eu le souffle coupé par la beauté de ces montagnes où, sous la lumière du soleil, les crevasses passaient du blanc au bleu et au rose.

Par endroits, on aurait dit que la neige avait été foulée par les bottes d'un géant. C'étaient en fait les traces des avalanches qui avaient dévalé les collines au cours de l'hiver pour s'écraser au fond des vallées, entraînant parfois des blocs de pierre et des arbres dans un spectaculaire déploiement de force.

Le parcours était magnifique. Nous survolâmes d'abord un terrain plat, émaillé de champs de luzerne strié, de temps en temps par l'éclat d'une rivière. Puis, arrivés au dessus des montagnes, nous vîmes les crêtes acérées onduler comme des serpents, leurs flancs rayés de bandes neigeuses, d'où émergeaient des rochers de couleur rouille. Nous descendions progressivement comme à la poursuite de l'ombre de l'appareil qui voguait sur les champs de neige pour gagner des vallées bordées de rocs brun fauve au pied desquelles s'étalaient des forêts de sapin où s'étaient glissés quelques pommiers sauvages en fleur et interrompues de temps à autre par des tapis de fleurs jaunes pareils à des champs de moutarde. Nous nous posâmes dans une petite vallée resplendissante de couleurs. On trouvait là de la rhubarbe sauvage à feuilles vert sombre et à tige rose, des tulipes rouges et jaunes aux pétales vernissés, et partout des pommiers bouillonnant de rose et de blanc. Nous nous accordâmes pour trouver que c'était le plus bel endroit que nous ayons vu en Union soviétique.

L'écho de notre bruyante arrivée n'était pas encore dissipé que nous vîmes déboucher d'entre les pommiers le directeur de la réserve accompagné de quelques aides. C'était un beau vieillard aimable avec des yeux pétillants d'humour dans son visage ridé. Ses compagnons avaient l'air d'une allègre troupe de forbans hirsutes, leurs yeux sombres brillant dans leurs visages hâlés de Mongols. Avec des sourires exhibant autant d'or que d'émail, ils prirent nos bagages sur leurs épaules et nous conduisirent à travers le verger de pommiers sauvages, en

Notre dernière étape fut une vallée gorgée de fleurs roses et blanches, où les pommiers en pleine floraison étaient couverts d'abeilles menuisières bleu électrique. Elle arborait des parterres de fenouils sauvages et de rhubarbe aux tiges roses et partout des tulipes écarlates flamboyantes. La réserve de Tchatkal renferme plus de 1 400 espèces de plantes, dont nombre d'entre elles extrêmement rares.

Ci-dessus : *Le joli petit serin au front rouge cherchait des insectes dans les pommiers en fleur.*

En haut : *On dit que ces merveilleuses tulipes de Tchatkal — aujourd'hui menacées — sont à l'origine de toutes nos espèces cultivées.*

serpentant adroitement entre les tulipes et les fenouils. On avait prévu pour nous une petite maison nichée parmi les pommiers, au bord d'un petit torrent glacial et cristallin qui dévalait son lit de pierres ambrées en dessinant des frisures d'argent. Son murmure incessant était aussi apaisant qu'une mélodie.

Avertis que nous ne trouverions pas de provisions sur place, nous avions rapporté de Tachkent une grande quantité de légumes, de fruits, de riz et d'os à moelle. Aussi, après avoir partagé le petit déjeuner avec le directeur — petit déjeuner composé en l'occurrence d'un verre de brandy géorgien sec —, je réquisitionnai quelques-uns de nos farouches mais aimables amis pour allumer un grand feu. Ayant rempli d'eau et d'os à moelle un grand chaudron, je laissai mijoter pendant deux heures, puis rajoutai des légumes et du riz. Cela donna une soupe délicieuse et épaisse qui nous convenait parfaitement, car si le soleil était chaud, à l'ombre, on ne tardait pas à grelotter. Après le déjeuner, le directeur, qui avait abandonné le brandy pour rendre hommage à une grande bonbonne de vin du pays, fut escorté jusqu'à son lit pour une sieste bien méritée. Pour ma part, je sortis avec Lee pour descendre la vallée en suivant le ruisseau. Dans l'air frais et pur, imprégné du parfum des pommiers en fleur, on n'entendait que le bruissement de l'eau et le chant des oiseaux. Parmi les insectes, certains nous étaient familiers, comme les papillons de l'espèce machaon et apollon ou l'abeille menuisière, mais d'autres complètement

En haut : *Rien d'étonnant à ce que cette vallée remplie des fleurs les plus odorantes attire quantité de papillons. Parmi les plus remarquables, on trouve le machaon avec sa somptueuse livrée jaune et noire* (à gauche) *et l'apollon tacheté comme un léopard* (à droite).
Ci-dessus : *L'énorme vautour griffon, que nous avons eu la chance de filmer, avait bâti son nid au sommet d'un pin, choix inhabituel chez ces animaux.*
A gauche : *Les vautours se nourrissent des cadavres des gros mammifères. On ne les trouve plus aujourd'hui que là où paissent les moutons et les chèvres.*

La marmotte de Menzbieri, rongeur rare et charmant, vit en petites colonies dans les montagnes de Tchatkal. Au moindre danger, elle pousse un cri d'alarme — un sifflement perçant — qui se répercute entre les falaises. Pendant l'hiver, elle hiberne dans de profondes galeries souterraines, à l'abri des terribles rafales qui rendent impossible toute vie au dehors.

inconnus. L'abondante floraison avait attiré des multitudes de bombyles rougeâtres et velus aux ailes scintillantes. Leur virtuosité en vol était stupéfiante : ils étaient capables de voler sur place, puis de partir à grande vitesse dans n'importe quelle direction, y compris la marche arrière. Quiconque croit que les hommes ont résolu tous les problèmes de l'aérodynamique devrait observer les bombyles à l'œuvre. Dans les arbres, nous apercevions des piverts affairés comme des menuisiers, des geais voletant dans un flamboiement bleu et rose, des pies-grièches, des moineaux et des bandes de serins à front rouge, les premiers que j'aie jamais vus.

Comme le soir tombait et que l'ombre gagnait la vallée en ternissant l'éclat des fleurs, le froid nous envahit, et nous nous serrâmes près du feu, bien contents de trouver quelque chaleur dans la réserve de brandy du directeur. Pendant que celui-ci dormait, sa troupe de joyeux drilles était allée cueillir des champignons sauvages charnus et parfumés grands comme des parapluies de poupée. Ils furent ajoutés au pilaf qui se préparait dans une énorme poêle bosselée. Le résultat se révéla excellent et, après avoir mangé à satiété, nous allâmes nous écrouler de sommeil, enveloppés dans nos sacs de couchage en peau de mouton. Vers une heure et demie du matin, nous fûmes brutalement réveillés par un effroyable vacarme de rires, de cris et de hennissements. Ce n'était pas la cavalerie américaine qui venait à notre secours, mais nos équipiers recrus de fatigue et transis de froid, heureux d'avoir pu filmer un vautour griffon dans son nid, plusieurs bouquetins de Sibérie et surtout une colonie de marmottes de Menzbieri, espèce en voie de disparition en Union soviétique.

Il existe de nombreuses espèces de marmottes répandues des Alpes à la Chine et de l'Alaska à la moitié nord des Etats-Unis.

Le magnifique ibex de Sibérie fait partie de la famille des chèvres. Il vit très haut dans les montagnes, dans les terrains les plus accidentés où l'on n'entend plus que le chant des oiseaux et le fracas des avalanches. Le regard perçant et la démarche sûre, il est difficile à approcher dans son repaire de montagne.

Les marmottes de Menzbieri ne se rencontrent que dans quelques parties des montagnes de Tian-Chan, où autrefois elles abondaient. Progressivement repoussées au plus profond des montagnes par les progrès de l'agriculture, il n'en resterait plus que quelques milliers. Les marmottes sont des rongeurs robustes et trapus avec une queue courte et épaisse. Celles que nous avons filmées avaient l'échine brun foncé, la queue couleur rouille, le plastron et l'extrémité des pattes d'un crème élégant. Vivant en communauté, elles creusent de longs tunnels compliqués, où elles mettent bas et se réfugient pendant la période d'hibernation qui peut durer jusqu'à neuf mois. Le regard perçant, elles font sentinelle à l'entrée des terriers, guettant tout danger éventuel. Que quelque chose leur paraisse suspect, et l'on entend leur cri d'alarme, un sifflement puissant et aigu, dont l'écho se répercute dans les montagnes. Avec leur grosse figure et leur façon de se pelotonner sur elles-mêmes, les marmottes sont de charmants animaux. Avoir pu filmer des créatures aussi rares dans un terrain aussi difficile confinait au miracle.

Nous passâmes une journée de plus à filmer l'enchanteresse vallée fleurie et fîmes à notre hôte et à ses aides de chaleureux adieux. Le vent, des pales de notre hélicoptère, souleva un nuage de fleurs rose et blanc ; les tulipes jaunes et rouge sang se courbèrent comme pour nous saluer.

REPETEK
Le désert rouge

Repetek

Les chameaux sont extrêmement utiles dans le désert, comme nous avons pu le remarquer. Ils ont pourtant une expression si revêche qu'on a du mal à les aimer vraiment.

Pages précédentes : *Le désert, avec des arbres qui semblent morts et qui pourtant sont prêts à fleurir à la moindre pluie.*

Nous avons traversé rapidement la ville de Chardzou, dans le Turkménistan oriental. Le centre était très agréable avec ses maisons de bois colorées aux jardins bien entretenus, mais dans les faubourgs, les maisons délabrées aux jardins envahis de détritus divers ressemblaient plutôt à des campements de romanichels. Puis nous avons pris le chemin de la réserve Repetek, à travers un désert parsemé d'arbustes rabougris vert argenté ; beaucoup d'entre eux étaient couverts de fleurs jaunes et roses qui, vues de près, étaient très curieuses : un peu semblables à des anémones de mer, elles étaient constituées d'une boule de duvet presque transparente, dont les pétales émergeaient comme des tentacules. Le long de la route, les fils téléphoniques servaient de perchoirs à des douzaines de guêpiers et de rolliers. Ici et là, parmi les collines de sable, des petits groupes de dromadaires mâchonnaient placidement des fleurs.

Le quartier général de la réserve était extrêmement impressionnant et nos logements d'un luxe inattendu : air conditionné, lumières électriques, ventilateurs, lits confortables et même un réfrigérateur. Il y avait un réfectoire pimpant, une salle d'eau et des toilettes séparées, le tout situé dans des jardins emplis d'arbustes et de fleurs. Le directeur était un homme élégant qui se montra quelque peu solennel au début, mais fit rapidement preuve d'humour quand il comprit que nous-mêmes ne nous prenions pas trop au sérieux.

Nous voulions filmer en particulier la tortue du désert et le moineau du désert, un oiseau que l'on avait cru disparu et que l'on a découvert bien vivant à Repetek. De plus, sachant qu'il nous serait difficile de trouver des reptiles sur place, avec l'accord du zoo de Moscou, nous devions apporter avec nous quelques-uns de ces animaux pour pouvoir les filmer en situation. Notre première entrevue avec le directeur nous découragea fortement. D'abord, l'équipe de Moscou n'avaient pas trouvé d'avion ; ensuite, la période d'activité sexuelle, forcenée mais brève, des tortues était terminée, et elles étaient toutes allées s'enterrer dans le sable pour estiver et échapper au soleil terrible de l'été. Nous étions à la fin du printemps et il faisait déjà près de 40 °C à l'ombre, nous pouvions les comprendre. Nous avons alors parlé des moineaux du désert. Ceux-ci se montraient rarement et, d'après le directeur, nos chances d'arriver à en filmer étaient nulles. Voyant notre détresse, notre hôte nous servit de la vodka, et tenta de nous réconforter en nous proposant de nous rendre dans le désert, après le déjeuner —

Ces extraordinaires et merveilleux buissons portent localement le nom de « mille soleils ». Ils me faisaient penser à une crème fouettée sophistiquée. Non seulement ils contribuent à la beauté de ces lieux arides, mais ils sont une source de subsistance pour de nombreux insectes.

Malgré la chaleur accablante, on trouve de petits buissons de verdure dans les endroits les plus invraisemblables.

quand la chaleur serait un peu retombée —, pour nous faire une idée de ce qu'il y avait à filmer. Nous sommes partis. Lee et moi avons emprunté un itinéraire et le reste de l'équipe, un autre pour couvrir le maximum de terrain. Nous avons pris place à bord d'un camion gigantesque spécialement conçu pour rouler sur les dunes appelées barkhanes. Ces extraordinaires montagnes de sable se déplacent au cours des saisons : à un moment de l'année, le vent les pousse dans une direction, puis il tourne et les repousse jusqu'à leur position initiale. Ainsi, ces immenses vagues de sable suivent un mouvement de marée semblable à celui de l'océan. La couleur du sol évoquait un pelage de chameau avec une nuance rosée aux endroits ombragés et de légers reflets argentés au soleil. Nos moteurs rugissaient tandis que nous escaladions et redescendions en tanguant ces dunes de vingt mètres de haut. Une fois dépassées les barkhanes, arides et dépourvues de vie, nous avons atteint une zone où poussait une maigre végétation : quelques herbes et un arbre curieux, voisin du saule pleureur, tout à fait déplacé dans un terrain aussi sec. Il y avait, en fait, énormément de vie dans ce qu'on aurait pu croire un lieu mort de notre planète. En plus des arbres, on trouvait de nombreuses fleurs du désert ; la plus fréquente ressemblait à une colonne lavande de minuscules pieds-d'alouette et d'autres à de tout petits boutons d'or tachetés de rouge. On entendait des douzaines d'oiseaux invisibles, tapis dans l'ombre des bosquets pour échapper à la chaleur écrasante. Les insectes et les acariens, eux, paraissaient

indifférents à la canicule, et les araignées de diverses espèces abondaient, ainsi que les tiques au dos plat, pareilles à de petites pièces de monnaie pourvues de pattes. Les scarabées grouillaient. Certains avaient une forme de torpille, de six centimètres de long, vert émeraude saupoudré d'or, d'autres étaient noirs comme des chapeaux de sorcière, parsemés de taches blanches circulaires et des bousiers noirs et bleus, gros comme des boites d'allumettes, scintillaient sous le soleil, tandis qu'ils volaient lourdement à la recherche de nourriture pour leur progéniture. On voyait, chassant dans les dunes, de jolis lézards verts au dos artistiquement décoré ; on aurait dit qu'ils portaient des châles de dentelle noire. Ils évoluaient par mouvements vifs, s'arrêtant çà et là en flairant le sol, puis creusant à la recherche d'insectes. Les reptiles les plus communs mais aussi les plus extraordinaires étaient les deux espèces de lézards à tête de crapaud qu'on voyait partout, si hardis qu'ils nous laissaient approcher à cinquante centimètres d'eux. Leurs têtes et leurs corps étaient couverts d'écailles pointues, et ils utilisaient sur le sable fin les orteils frangés de leurs grosses pattes comme des raquettes. Ils avaient de charmantes habitudes. Lorsqu'ils faisaient une pause au cours de leur incessante recherche de nourriture, ils se tenaient sur les talons, les orteils pointés vers le haut. Il semble que ce soit une méthode qui permette de s'asseoir sur le sable brûlant en épargnant ses orteils ; le talon serait-il insensible à la chaleur ? C'est un comportement très curieux, et je dois dire qu'ils étaient

La plupart des gens pensent que rien ne vit dans le désert, mais c'est loin d'être vrai. Ici, on trouve des bouquets de petits buissons qui, une fois morts, errent au gré du vent comme des herbes folles.

Ici et là, ce sont des bouquets de fleurs évoquant de petites trompettes. Puis, de façon tout à fait inattendue, on tombe sur un faux agaric, champignon vénéneux, qui sort du sable. Partout, il y a des scarabées ; certains, victimes des oiseaux, ressemblent, avec leurs carcasses ailées, à des bijoux exotiques.

très drôles assis de cette façon et agitant gentiment les orteils comme les pianistes qui se dégourdissent les doigts avant d'attaquer un morceau difficile. Ils ont aussi d'autres comportements encore plus étonnants. Certains, si vous avancez trop près d'eux, vous font part de leur mécontentement en déployant un bourrelet de peau rouge sang aux coins de leur bouche ouverte. D'autres courbent brusquement leur queue comme un ressort de montre, dévoilant le dessous qui, contrairement à la coloration grisâtre du reste de leur corps, est d'un blanc éclatant strié de noir. On imagine aisément l'effet que ces réactions peuvent avoir sur les éventuels prédateurs. Nous avons été

Le lézard des sables à tête de crapaud (ci-dessous, à gauche et en bas) *s'asseoit sur ses talons et recourbe ses doigts comme s'il allait jouer du piano ou bien il recroqueville sa queue comme un ressort de montre. Quant à celui qui ressemble à un crapaud aux longues oreilles* (ci-dessous, à droite), *il fait peur quand il déploie deux saillies écarlates de chaque côté de sa bouche.*

fascinés par cette première incursion dans le désert. Tandis que nous admirions le soleil couchant, un renard roux et deux lièvres s'enfuirent à notre approche. Puis soudain, Lee poussa un cri. Le chauffeur s'arrêta. Elle bondit hors du camion, partit en courant et réapparut peu après, triomphante et hors d'haleine, portant une tortue du désert, qui paraissait tout à fait indignée et qui, pour manifester son déplaisir, commença par nous arroser tous deux ainsi que l'intérieur du véhicule. Mais, tout à la joie d'avoir trouvé une de ces créatures pour lesquelles nous avions fait tant de chemin, nous ne lui en avons pas tenu rigueur. De retour à la réserve, de bonnes nouvelles nous attendaient. Notre équipe avait pénétré profondément à l'intérieur du désert en compagnie du directeur, et ce dernier avait repéré un nid de moineau du désert. Rodney avait installé sa caméra et réussi à filmer le mâle et sa femelle en train de terminer leur logement. C'était un grand succès que d'avoir pu filmer ces oiseaux, parmi les plus rares d'Union soviétique. En outre, nous avons été ravis d'apprendre que Vladimir Froulov, le conservateur des reptiles au zoo de Moscou, bien décidé à ne pas nous laisser tomber, était parvenu, après avoir fait des pieds et des mains, à trouver un avion. Il avait apporté avec lui un sac à dos contenant une chemise de rechange, trois boas des sables et un cobra, échantillon que tout herpétologiste sérieux aurait considéré comme un excellent choix.

Le lendemain, nous nous sommes levés à six heures du matin, avant que le soleil ne tape trop fort. Il faisait un temps

Le moineau du désert, l'oiseau le plus rare que nous ayons vu et filmé, est une belle créature qu'on a cru disparue. Il y en avait, autour de la réserve, qui venaient boire à un robinet près de la fenêtre de notre chambre.

Page de gauche et ci-contre : *Notre tortue récalcitrante. Ces créatures mènent une curieuse existence — une activité frénétique le temps du printemps, suivie d'un long ensevelissement, tandis que le soleil cuit le désert et tue les fleurs.*

magnifique malgré une légère brume. Sous la lumière matinale, les barkhanes étaient d'un teinte bronze fauve et, avec leurs rides formées par le vent, les dunes évoquaient la carcasse de quelque énorme dinosaure mort depuis longtemps. Nous avions emmené avec nous notre précieuse tortue et elle se comporta comme la plus exécrable des stars du Hollywood d'autrefois. Soit elle restait immobile sous sa carapace, soit, lorsque nous voulions qu'elle se déplace de la gauche vers la droite, elle faisait systématiquement l'inverse. Et quand nous avions remanié le scénario pour qu'elle puisse aller de la droite vers la gauche, elle se dirigeait résolument dans l'autre sens.

Ces tortues du désert — malgré leurs caprices — sont des animaux charmants, à la carapace joliment décorée de marques brun pâle, avec des orteils aux ongles « manucurés ». Elles se sont adaptées à une vie extrêmement précaire dans le désert, où elles dépendent totalement des fleurs et des herbes éphémères du printemps, dont la vie n'excède pas deux ou trois mois. La tortue n'a donc que ce court laps de temps pour se nourrir et se constituer une couche de graisse qui lui permettra de survivre pendant sa longue estivation et, au cours de cette période, elle doit également s'accoupler et pondre ses œufs. Ainsi le bref printemps est-il pour elle une période d'intense activité, tandis qu'elle arpente le désert, se nourrissant de fleurs minuscules et creusant des nids pour ses œufs avant de choisir pour elle-même un endroit où s'enterrer pour son long sommeil.

Les boas des sables (ci-dessous) *étaient de charmants serpents mais qui (comme la plupart de nos vedettes reptiles), se refusaient à coopérer. Toutefois, le cobra d'Asie* (page de droite), *peut-être parce qu'il était né à Moscou, était très fier et faisait exactement ce que nous lui demandions.*

Après avoir obtenu une prestation passable de notre tortue, nous avons tourné notre attention vers les boas des sables. Ceux-ci étaient de jolis petits animaux, d'une trentaine de centimètres de long, couverts d'une peau fauve pâle, élégamment ornée de taches brunâtres. Ils avaient de toutes petites têtes aplaties en forme d'as de pique qui devaient les aider à fouir le sable dans lequel ils vivent. Et c'est naturellement cela que nous voulions filmer. Après tout, si vous observez un serpent qui vit dans le sable, c'est pour le voir s'enfouir dans le sable. Les boas avaient d'autres intentions. Ils se lovèrent prestement et restèrent immobiles. Bref, ils firent exactement le contraire de ce que l'on attendait d'eux. Il nous fallut une bonne heure pour parvenir à en persuader un de s'enterrer lui-même, ce qu'il fit avec la plus grande répugnance comme s'il s'agissait d'une chose qu'aucun boa des sables normalement constitué ne fait normalement, mais qu'il acceptait de faire exceptionnellement pour nous être agréable. Après toutes ces difficultés, j'envisageais avec quelque appréhension notre rencontre avec le cobra, mais celui-ci se comporta en acteur confirmé. Il déployait son capuchon, sifflait, s'enroulait et se déroulait, se faufilait à travers les buissons manifestement animé de mauvaises intentions, scrutait les environs de ses yeux en vrille, et l'on pouvait penser que s'il en avait possédé, il aurait tortillé ses moustaches comme un traître de mélodrame. Un peu plus loin, un dromadaire prévenant avait déposé un tas de crottin parmi les buissons et cette manne avait attiré l'attention de tous les

Les bousiers sont les femmes de ménage du désert. Non seulement ils veillent à ce que les chameaux indisciplinés ne souillent pas le désert, mais en passant derrière eux, ils construisent des nids et des garde-manger pour leur progéniture.

bousiers de Repetek. L'endroit rappelait l'aéroport de Londres (mais sans contrôleurs aériens), car les lourds coléoptères se heurtaient, tandis que leurs ailes faisaient autant de bruit que des moteurs d'avions miniatures. En prévision de l'atterrissage, ils rentraient avec quelque difficulté leurs ailes sous leurs élytres, puis s'abattaient sur le sable avec un bruit sourd. Après avoir retrouvé leurs esprits, ils s'avançaient vers le crottin, tête basse, faisant le gros dos, courant sur le sable d'un air affairé comme d'étranges jouets mécaniques. Quand ils découvraient le crottin, leur comportement était très curieux. Ils en détachaient des morceaux qu'ils pouvaient saisir, mais qu'ils ne façonnaient pas. Ils les poussaient alors à travers le sable, à l'aide de leurs membres postérieurs puis revenaient en arrière et le morceau de crottin prenait ainsi la forme d'une boule grossière, qui facilitait leur tâche. Cinq ou six mètres plus loin, ils s'arrêtaient pour creuser prestement un trou, pelletant le sable à la façon de minuscules bulldozers. S'ils trouvaient l'endroit inadéquat ou bien si la température du sable ne convenait pas, ils empoignaient leur boule de crottin et se précipitaient vers un autre lieu pour recommencer le même processus. D'autres bousiers arrivaient auprès du tas de crottin et si l'un d'eux, sur sa route, en croisait un occupé à façonner sa boule, il l'attaquait, la lui arrachait et repartait triomphalement avec son butin. Leur odorat doit être extraordinairement développé car le crottin, probablement déposé peu avant l'aube, était complètement desséché, et — pour nous — il ne sentait plus rien. Pourtant, nous pouvions voir autour de nous des bousiers accourir à deux ou trois cents mètres de là. Debout à côté de ce tas de crottin au milieu de ces bousiers bourdonnants arrivant de tous les côtés, nous avions vraiment l'impression d'être des Gulliver insouciants occupant un terrain d'aviation de lilliputiens.

Ce jour-là, le directeur décida de nous montrer comment l'équipe patrouillait habituellement dans la réserve, à dos de chameau. Je compris rapidement pourquoi, selon lui, c'était le moyen de transport le plus adapté au désert. Pour commencer, le chameau n'a pas besoin d'essence, il se contente de refaire le plein à chaque buisson qu'il rencontre. Deuxièmement, il peut franchir des obstacles qui arrêteraient n'importe quel véhicule. Troisièmement, une fois que vous vous êtes habitués à la curieuse sensation de roulis, vous pouvez pivoter, vous asseoir dans l'autre sens et discuter avec les amis qui vous suivent. Quatrièmement, vous avez assez de place sur la vaste selle pour faire infuser du thé ou même cuire un repas simple et cinquièmement, nous fit-il remarquer, lors d'une halte, vous pouvez vous reposer à l'ombre de votre chameau — ce que nous avons fait tout en discutant des mystères des grandes dunes de Karakoum sans nous préoccuper des protestations de nos montures qui gémissaient et grinçaient des dents.

Le désert pouvait se lire comme une page de journal écrit sur

Nous avons parcouru la réserve à dos de chameau, le meilleur moyen de locomotion si l'on n'est pas sujet au mal de mer. Les chameaux si ronchons peuvent, tout en flânant et en broutant les buissons au passage, franchir aisément les hautes dunes où la plupart des véhicules automobiles caleraient.

Ci-dessous : *Le geai de Pander une anomalie. Contrairement aux autres geais, il refuse de vivre dans les arbres et passe la plupart de sa vie à courir sur le sol, comme s'il était une autruche ou quelque autre oiseau incapable de voler.*

Malgré le climat et le milieu quelque peu inhospitaliers, le désert regorge d'oiseaux. Le pivert aux ailes tachetées de blanc (en haut, à gauche) *et le guêpier* (en haut, à droite) *étaient les deux habitants les plus colorés du désert. Les cochevis huppés* (en bas, à gauche) *emplissaient les matins de leurs chants mélodieux, tandis que la nuit, les hiboux* (en bas, au centre) *volaient silencieusement à la recherche de leurs proies, poussant parfois des cris chevrotants.*

le sable. Ici, on trouvait les longs terriers de cafards acajou clair (des animaux à l'aspect antédiluvien) ; là, une étoile de plumes bougeant dans le sable indiquait l'endroit où un faucon avait cloué au sol un petit oiseau ; plus loin, c'était une guirlande d'empreintes délicates laissées par un lézard à tête de crapaud ; ailleurs, l'entrée du logement d'un petit rongeur avec, dans un coin, ses toilettes remplies de minuscules boulettes soigneusement empilées ; là, un *haloxylon* à moitié mort, ses membres arthritiques desséchés formant un excellent tremplin pour un rollier, bleu et vert-émeraude, qui fondait sur les insectes du désert, laissant derrière lui un tas d'ailes miroitant. Tous ces indices (qui auraient enchanté Sherlock Holmes lui-même) racontaient une histoire si vivante que nous n'avions quasiment pas besoin de voir les animaux qui avaient participé à l'écriture de ce journal riche et complexe. Il était maintenant midi et toutes les ombres des plantes, si nettement dessinées, avaient été comme absorbées par les racines ; chaque arbuste, chaque fleur, chaque brin d'herbe se tenait parfaitement immobile dans une minuscule flaque d'ombre. La chaleur était accablante et nous sommes rentrés dans nos quartiers où, après avoir mangé, nous nous sommes allongés complètement ramollis, attendant que l'air conditionné sèche notre sueur.

Le lendemain, nous sommes sortis tôt. Rodney nous laissa, Lee et moi, observer les oiseaux et partit en compagnie de Byron pour essayer de filmer de grandes gerbilles. De bon matin, le désert résonnait de chants d'oiseaux. Nous avons vu des

petits oiseaux attaquer un hibou, qui rentrait se coucher tard, et partout de jolis moineaux friquets. Les mâles portaient une torsade de plumes noires qui partait du bec et couvrait la tête jusqu'au cou. Des rolliers et des guêpiers aux parements verts, jaunes ou bleus, qui semblaient récemment émaillés, s'abattaient sur les insectes encore engourdis par la fraîcheur de la nuit. Puis subitement, les dunes autour de nous s'emplirent de cris rauques qui se changèrent en mélodies riches et profondes. Il paraissait incroyable que le même oiseau puisse émettre deux sons aussi différents. Pourtant, cherchant soigneusement l'*haloxylon* avec mes jumelles, je découvris l'oiseau, un loriot doré, qui étincelait comme une pépite sur le vert des feuilles. Alors que je l'observais, il renversa la tête et son chant mélodieux emplit à nouveau l'air. A ce moment-là, Rodney et Byron réapparurent, tout excités. Non seulement ils avaient localisé la colonie de gerbilles et l'avaient filmée, mais ils avaient également fait des prises de vues de ce que Rodney prétendait être un putois marbré, un animal très rare que je rêvais de voir depuis longtemps. Pourtant, Rodney n'étant pas naturaliste, je n'y croyais pas vraiment. Quoi qu'il en soit, ce qu'il avait filmé semblait très intéressant, car il avait vu l'animal transporter une gerbille morte dans son terrier, ce qui voulait dire qu'il y avait des petits à l'intérieur. Nous avons décidé de nous lever avant l'aube le lendemain et de partir à l'heure où le désert s'éveille. Rodney installerait sa caméra et filmerait ce mystérieux animal aussi longtemps que nécessaire. Ensuite, il enverrait Byron nous chercher. Nous sommes donc partis dans les dunes assombries par la rosée. Un chœur d'oiseau — comme un orchestre qui s'accorde — se leva avec quelques couacs en même temps que le soleil. Après une heure d'attente environ, Byron apparut de très bonne humeur pour nous annoncer qu'il y avait bien des petits et que Rodney avait filmé les adultes avec leurs enfants et un des parents rapportant une gerbille pour les nourrir. De plus, d'après Byron, ils étaient si hardis et curieux

que nous n'avions pas à nous préoccuper du bruit ou à nous cacher. Effectivement, nous avons trouvé Rodney installé à découvert dans une petite vallée. En face de lui, à environ six mètres, un vieil *haloxylon* noir se dressait, tordu et noueux, avec à sa base un amas de branches mortes. Autour, il y avait plusieurs trous de gerbilles. En approchant de Rodney, nous avons aperçu le mystérieux animal. C'était une belette pygmée, qui se glissa hors des broussailles, se tint droite, souveraine, nous observant avec beaucoup d'intérêt, mais sans manifester la moindre inquiétude. Elle avait un beau pelage bronze rougeâtre, légèrement plus foncé sur le museau, la queue et les pattes. Nous nous sommmes assis dans le sable et elle nous a observés un moment puis, jugeant probablement que nous étions trop immobiles pour être vraiment intéressants, elle s'évanouit subitement dans un des anciens trous de gerbille. C'est à ce moment-là que la femelle et les enfants firent leur entrée en scène comme une troupe de jongleurs du Moyen Age, bondissant allègrement le long de l'*haloxylon* avec une telle agilité et une telle vélocité que nous avions du mal à les suivre du regard. Il m'a semblé que la femelle belette avait installé une très convenable pouponnière parmi les broussailles accumulées autour du vieil arbre. L'endroit présentait trois avantages : les broussailles leur fournissaient protection et issues de secours, l'*haloxylon* leur procurait de l'ombre et enfin, ils avaient à leur porte une colonie de gerbilles qui servait de garde-manger vivant. C'était un logement tout à fait satisfaisant pour une belette.

Page de gauche et ci-dessus : *La grande gerbille est un rongeur ravissant et une source vitale pour les prédateurs du désert. Hiboux, faucons, varans du désert et serpents dépendent d'elle, ainsi que la belette pygmée. Ce petit animal est du vif-argent, il mène une vie trépidante, comme nous avons pu nous en rendre compte en essayant de le filmer en famille. Ils bougeaient si rapidement que nous n'arrivions pas à les suivre, tandis qu'ils se livraient à leur époustouflant numéro d'acrobates de cirque.*

BAÏKAL
Phoques et zibelines

Baïkal

Ci-dessus : *Les gens de Bouriate ressemblent à des Tibétains et portent des costumes locaux très colorés.*

Pages précédentes : *Le lac Baïkal et* (en incrustation) *un omoul, poisson délicieux qu'on ne trouve nulle part ailleurs. Il a un peu le goût du saumon et est aussi délectable cru que fumé ou poché.*

Après dix-sept heures de voyage, nous sommes arrivés à Oulan-Oude sur les genoux. Mais nous avons vite oublié notre fatigue. En regardant par la fenêtre de notre chambre d'hôtel, nous avions la curieuse impression de nous retrouver au Tibet par hasard. Nous étions dans la république de Bouriatie. Les Bouriates ont de beaux visages aux pommettes hautes, avec de petits yeux noirs au regard vif, des bouches généreuses bien dessinées et une peau couleur pêche avec une touche de rouge sur les joues. Ce sont des gens gais, chaleureux, exubérants, qu'on voit rire, plaisanter et s'étreindre dans les rues.

Le mauvais temps empêchant l'hélicoptère de nous emmener à la réserve Bargouzine, nous avons dû attendre deux jours à Oulan-Oude. Je rongeais mon frein car le lac Baïkal est un endroit que j'avais toujours eu envie de visiter. Non seulement c'est le plus grand et le plus profond lac du monde, mais il s'y est développé une faune tout à fait unique : diverses espèces de crustacés et de poissons et, peut-être le plus singulier de tous, un tout petit phoque d'eau douce qu'on ne trouve nulle part ailleurs. A cette époque de l'année, le lac gelé était couvert d'une couche de glace épaisse de deux mètres, mais nous avions choisi cette saison car, bizarrement, c'est celle où les phoques se reproduisent. Enfin, le temps s'éclaircit et l'hélicoptère put décoller, nous emportant avec notre équipe et tout notre bric-à-brac. Nous avons d'abord survolé un paysage légèrement vallonné avec quelques agglomérations de baraques gris cendre tapies entre les collines. A la surface des rivières, la glace commençait à se fendre, formant un puzzle aux pièces cernées de noir. Puis les collines se firent de plus en plus hautes, les forêts dépouillées étaient parsemées de plaques de neige fondante et chaque pic portait une calotte blanche. Quand notre hélicoptère franchit la dernière barrière de collines, le lac Baïkal s'offrit à nous dans toute sa splendeur.

L'immmense lac nacré, alimenté par des centaines de rivières, semblait parfaitement lisse. L'air était d'une pureté cristalline ; on distinguait l'autre rive, distante de soixante-dix kilomètres, et les montagnes enneigées, roses sous la lumière du soleil. Puis nous avons survolé ce que les Russes surnomment « le Nez », bien curieux nom pour une chaîne de petites montagnes d'un vert presque noir, évoquant plutôt des oreillers sur lesquels quelqu'un aurait déposé un châle de dentelle avec des franges. Lorsque nous nous sommes approchés, notre angle de vue changea et l'on aurait dit qu'un peintre avait, sur la toile sombre de la montagne, dessiné avec de la neige de blancs

Dans le très original musée de plein air d'Oulan-Oude sont préservés plusieurs types de maisons anciennes. Les gardiens sont vêtus du costume national. Celui que l'on voit à gauche est tombé de cheval peu après la photo.

Nous avons découvert un endroit fascinant où l'on a donné un nouvel essor à cet art traditionnel de Bouriate, l'orfèvrerie, et où l'on trouve de merveilleux joyaux. Ce fut pour moi une visite onéreuse, car Lee a la passion des bijoux. L'orfèvre, lui, sembla ravi de notre passage.

Une des choses le plus intéressantes de ce musée : les volets joliment peints et sculptés qui font tout le charme de ces huttes de bois.

filigranes, des arbres délicats, des fleurs et du varech. Le paysage nous apparut alors comme une fresque toujours en mouvement, d'une beauté à couper le souffle. Mais quand nous avons perdu de l'altitude, ce que nous avions cru si lisse, vue de loin, se révéla être en fait inégal, car la glace était, en surface, morcelée par d'anciennes fractures aux contours flous et de récentes fissures nettes comme des coupures de rasoir ; c'était le début du dégel qui allait bientôt transformer le lac Baïkal en une mer intérieure étincelante.

Le directeur de la réserve avait gentiment divisé sa grande salle de séjour avec un rideau afin que nous puissions disposer d'une chambre et d'une salle à manger ; lui, pauvre bougre, devait camper dans la chambre de sa fille, mais rien ne put le faire changer d'avis. Partout en Union soviétique, nous avons rencontré cette hospitalité : nous étions là pour visiter et filmer leur pays, ils étaient donc déterminés à nous accueillir le mieux possible.

Le lendemain, nous sommes partis en convoi à la recherche de phoques femelles. A cette époque de l'année, il est très hasardeux de s'aventurer en voiture sur le lac, car la couche de glace commence tout juste à craquer. Le conducteur le plus expérimenté, au volant de la Jeep de tête, cherchait un chemin à travers la glace qui maintenant se fendait sous le soleil. Nous avons suivi quelque temps la rive avant de nous engager vers le centre du lac où nous pensions trouver les aires de reproduction des phoques, mais nous nous sommes trouvés bloqués par une très large crevasse. La Jeep de tête essaya de trouver un itinéraire pour la contourner, mais la crevasse était trop longue ;

C'était le début du grand dégel et, par endroits, la neige commençait à fondre, dessinant sur les collines d'exquis motifs de dentelle. Ces collines entourent le lac Baïkal. Nous avons survolé le lac où, çà et là, la glace avait craqué, déjà recouverte par une couche fraîche, et laissant la surface couturée de cicatrices.

La vue que nous avions de la petite maison que nous habitions dans la réserve Bargouzine, donnant sur la vaste étendue du lac.

Page de droite : *Quand la glace se brisait, on aurait cru entendre une énorme cannonade, dont le fracas se répercutait sur le lac et qui faisait vibrer la glace. Au fur et à mesure qu'une nouvelle couche se formait au-dessus de ces fractures, le lac commençait à chanter.*

il n'y avait donc pas d'autre solution que de sauter par-dessus. Tandis que se créent de nouvelles crevasses, dans un bruit assourdissant de canonnade, une nouvelle couche de glace commence à se former comme une seconde peau sur une cicatrice, et c'est là que réside le danger. Avant de franchir une crevasse, il faut d'abord tester la qualité de la glace avec une bêche et un curieux instrument, qui évoque vaguement une sagaie. Si la nouvelle couche se révèle suffisamment solide, vous pouvez enjamber. Finalement, nous avons trouvé un endroit sûr et après avoir pris de l'élan, tels des kangourous, nous avons franchi non pas une mais trois larges crevasses. Puis la Jeep de tête s'élança pour continuer à reconnaître le terrain et nous l'avons calmement suivie à pied. Vous pouvez lire la glace comme une carte météorologique qui vous indiquerait comment le temps a évolué. Ici, le vent a créé des vagues qui ont rapidement gelé ; là, le soleil a mélangé la glace dans des marmites mal formées qui se sont ensuite figées ; ailleurs, la glace s'est fendue, et la blessure a été pansée par la formation d'une nouvelle couche de glace fragile et délicate comme un vitrail d'église. Sous la chaleur du soleil, le lac essayait avec peine de se débarrasser de son lourd manteau de glace, et l'on était assailli par les bruits les plus extraordinaires. Tandis que la Jeep de tête était partie en éclaireur, je descendis de voiture et m'approchai d'une de ces grandes blessures que la nouvelle glace commençait à cicatriser. Soumise à des pressions variées,

L'hiver, c'est un enchantement de pouvoir parcourir le lac Baïkal en Jeep.

Pages précédentes : *Où que l'on posât les yeux sur le lac, la neige et la glace s'étaient combinées pour réaliser des motifs d'une beauté que n'importe quel sculpteur moderne aurait enviée. Ici la glace avait saisi une épave et l'avait ornée de givre et de neige, la transformant en œuvre d'art. Ailleurs, un arbre mort avait été changé en bûche de Noël parée de petits glaçons.*

elle émettait un concert de protestations. Elle tintait comme de minuscules cymbales, ronronnait comme un panier de chats, lançait des trilles comme une colonie de grillons et tictaquait comme dans un magasin d'horlogerie.

Peu de temps après, plus loin vers le centre du lac, nous avons trouvé une nursery de phoques, un trou dans la glace épaisse qui est vital pour l'animal, car il lui permet de reprendre son souffle avant de repartir pêcher. Les phoques percent ces trous à l'aide de leurs dents et de leurs pattes. Quand la femelle est prête à procréer, elle bâtit à proximité du trou un petit palais de glace, où elle donne naissance à son enfant et dans lequel ce dernier vivra jusqu'à ce qu'il soit sevré. Le palais que nous avons trouvé était de toute beauté et l'entrée était protégée par des chandelles de glace qui faisaient penser à la gueule ouverte d'un requin. Il n'y avait, hélas, pas de bébé à filmer dans ce palais, mais nous avons fait un amusant pique-nique. Sur les pare-chocs de deux voitures que nous avions rapprochées, nous avons posé de longues planches de bois pour former une table et des bancs. En quelques instants, cette table improvisée fut couverte de conserves de saumon, d'anchois, et d'un poisson légèrement salé appelé omoul. Tous ces délices, accompagnés de thé, furent servis avec de belles tranches de pain bis frais et d'énormes pots de pickles faits maison. Je crois que c'est un des pique-niques les plus originaux que j'aie jamais faits.

Nous avons continué à chercher en vain des bébés phoques et tandis que les ombres viraient au violet puis au noir sous la lumière du crépuscule, nous avons retraversé l'immense croûte de glace pour rejoindre la réserve.

Le lendemain, nous avions une journée chargée. Entre autres réussites, la réserve Bargouzine a grandement contribué à la survie des zibelines. Ce charmant animal, chassé sans vergogne pour sa magnifique fourrure, était en voie de disparition. Sa chasse fut enfin interdite. Grâce à cette protection et à la reproduction en captivité, la race des zibelines est aujourd'hui hors de danger. Comme je n'en avais jamais rencontré, je fus ravi lorsque le directeur de la réserve m'informa qu'il en avait capturé une que nous pourrions filmer. C'était en fait un animal qui avait été ferré à l'oreille (une opération semblable au baguage d'un oiseau) et avait été capturé trois fois en cinq ans dans les environs immédiats. Les gens qui dénigrent les zoos ignorent souvent que certains animaux, même s'ils vont en liberté, vivent dans des espaces très réduits et que s'ils y trouvent ce dont ils ont besoin, ils deviennent aussi casaniers que des villageois anglais. Notre zibeline fut installée dans une sorte de volière pleine de rondins creux, dans laquelle elle se logea avec une telle aisance que j'en conclus qu'elle avait l'habitude de fréquenter les êtres humains. Cependant, nous avions commis l'erreur de lui offrir un repas trop copieux (viande, foie et œuf cru) et, confortablement installée dans son arbre creux, elle ne voyait aucune raison d'interrompre sa sieste pour paraître à la télévision. Il nous fallut user de persuasion, la poursuivre, boucher certains des trous d'arbres avant de la

Les torrents, que les sources thermales chaudes des collines empêchaient de geler, se ruaient vers le lac en se frayant un chemin à travers une sorte de mâchoire de requin faite de glace.

Malgré son mauvais caractère, notre zibeline vedette, était charmante. La réserve de Bargouzine joue un grand rôle dans la préservation de ces merveilleux animaux. Pourchassés pour leur fourrure, leur nombre avait dramatiquement diminué. Soigneusement protégés, ils se sont si bien reproduits qu'on a pu en exporter pour fonder de nouvelles colonies dans d'autres réserves du pays. Leur nombre atteint aujourd'hui 1 000 à 1 500 têtes.

convaincre de participer au spectacle. C'était un animal extrêmement gracieux, avec un petit visage étrange couleur café pâle et un nez en bouton de bottine brillant comme une mûre. Elle avait de jolies oreilles très droites, couvertes de poils, et ressemblait un peu à une lady victorienne, aux yeux vifs, au nez poli par l'hiver et coiffée d'un élégant chapeau. Sa fourrure rouge cendré est si magnifique qu'on comprend pourquoi c'est la plus chère du monde, mais que certains aient le cœur de tuer un animal aussi charmant pour le dépouiller de sa fourrure me dépasse totalement.

Après l'avoir filmée et relâchée, nous avons reçu de bonnes nouvelles : on avait trouvé un bébé phoque du Baïkal et requis ses services pour le film. Il avait déjà été transporté en un lieu adéquat et n'attendait plus que notre bon plaisir. Aussi, une fois de plus, notre caravane de Jeep se rua à travers le lac gelé à la rencontre de notre vedette. Quand on ouvrit la boîte qui lui servait de loge, un merveilleux spectacle s'offrit à nos regards. Un bébé phoque bien gras, d'environ soixante-dix centimètres, à

Ce jeune phoque du Baïkal, âgé de deux mois et demi, venait tout juste de quitter son manteau blanc de bébé. Il se comporta de façon irréprochable devant la caméra, volant la vedette à Lee dans chaque scène, comme la petite Shirley Temple qui écrasait ses partenaires. Au tournant du siècle, la chasse les avait décimés et il n'en restait plus que 5 000. Depuis qu'ils sont rigoureusement protégés, leur nombre est remonté jusqu'à 75 000 ; c'est un excellent exemple de ce que l'on peut faire grâce à une politique de conservation intelligente.

la fourrure tachetée noir et gris, avec d'énormes moustaches frémissantes, un nez ressemblant à une pelote à épingles de velours noir et des yeux marrons embués, gros comme des mûres, qui nous fixaient d'un air attendri. Nous l'avons immédiatement baptisé Olga, un joli nom russe qui nous sembla lui convenir parfaitement. Au début, elle se montra plutôt craintive et avait tendance à essayer de mordre, puis elle sembla considérer que cet attroupement humain ne constituait pas une réelle menace et s'enticha de nous. Nous voulions la voir évoluer dans un palais de glace et se comporter comme un vrai phoque, mais elle persistait à s'affaler sur la glace, nous suivant partout et se couchant à nos pieds comme un chien domestique. Ce n'est que lorsque nous avons creusé un trou dans la glace où elle pourrait nager qu'elle consentit à prendre sa carrière de comédienne au sérieux et nous avons eu droit à une scène avec Lee où elle s'appropria le premier rôle sans le moindre scrupule. Elle se mit à faire des sauts de carpe, plongeant et ressortant du trou d'eau, avant de s'allonger sur le dos en exhibant son ventre rebondi et en battant des nageoires avec un air de joyeux abandon. Au bout d'un moment, pourtant, Olga sembla se lasser de ce jeu absurde et commença à bâiller. Nous l'avons alors ramenée vers un joli trou et l'avons laissée partir. L'animal qui avait semblé si gauche sur la glace se glissa alors dans l'eau comme du vif-argent et disparut vers les profondeurs dans un jaillissement de bulles.

Le cabotin.

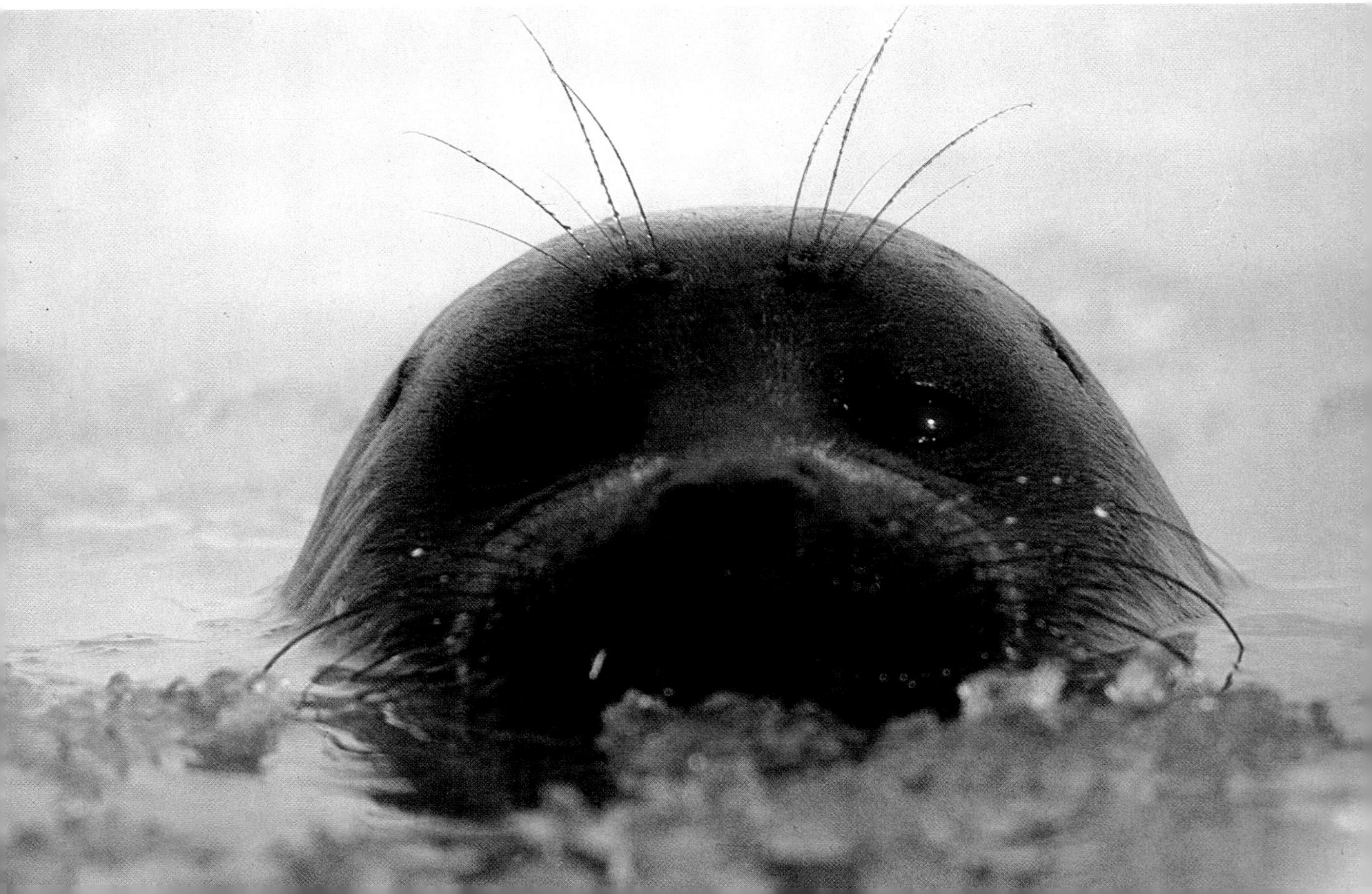

Ci-contre, ci-dessous et page suivante : *Si vous êtes affamés sur le lac Baïkal, il vous suffit de creuser un trou dans la glace (ce qui vous réchauffe tout en aiguisant votre appétit) et d'y plonger votre ligne pour attraper du poisson.*

Certaines des trois cents rivières qui alimentent le lac Baïkal ne gèlent pas, car elles proviennent de sources chaudes. L'hélicoptère nous emmena examiner ce phénomène. L'eau sulfureuse, pareille à la lave d'un volcan, jaillissait de la terre et entamait sa descente vers le lac. L'hélicoptère devait venir nous chercher une heure plus tard, mais comme cela arrive souvent quand on est loin de toute civilisation, un incident technique nous obligea à attendre quatre heures avant d'être secourus.

TAÏMYR
Les jours sans fin

Taïmyr

Les jolis lemmings, affairés et belliqueux, pullulent dans la toundra. Dans ce milieu ingrat, ils représentent une source de nourriture importante pour les prédateurs. Sans eux, il n'y aurait plus ni faucons, ni hiboux, ni renards polaires.

Pages précédentes, en incrustation : *Sur la rive occidentale du lac Taïmyr, des éboulis d'ardoise gris-noir, au milieu de la toundra spongieuse* (à droite). *Un renard polaire* (à gauche).

Pages précédentes et page de droite : *La toundra était magnifique, avec ses milliers de petits lacs miroitants, et, par endroits, là où la glace de l'hiver avait formé des crêtes régulières, elle ressemblait à un paysage de champs dessiné par l'homme.*

La péninsule de Taïmyr s'étend sur mille deux cents kilomètres au-dessus du cercle arctique et s'achève à environ mille cinq cents kilomètres du pôle Nord. Après un voyage long et inconfortable, nous avions atteint le pays du soleil de minuit. Nous nous sommes posés à Khatanga, où nous avons rencontré le représentant de la télévision locale. Cet homme charmant nous a offert un déjeuner somptueux dans cette agglomération minuscule qui rappelle une ville frontalière de la ruée vers l'or. Puis, nous avons pris un hélicoptère pour gagner la réserve Bikada, à quelque cinq cents kilomètres plus au nord : une autre planète ! La toundra était magnifique, un paysage plat, vert et or, surnaturel, parsemé de milliers de petits lacs et d'étangs aux formes et aux tailles des plus étonnantes. Certains ressemblaient à des têtards, d'autres à des oiseaux, beaucoup à des pendules, des carrés ou des triangles isocèles, tous d'un bleu sombre, presque noir. Çà et là apparaissaient des nervures et des croissants de neige, alors que nous étions censés être au milieu de l'été. En certains endroits, la glace de l'hiver avait formé des crêtes si régulières qu'on aurait dit des frontières de champs délimités par l'homme. L'air était parfaitement pur et le ciel était d'un bleu éclatant sous le soleil permanent. Il était très déroutant de se trouver incapable, en regardant ce paysage lumineux, de savoir s'il était midi ou minuit. Puis, la toundra devint plus vallonnée, d'un jaune verdâtre, comme une nappe de velours froissée, posée sur les collines. La surface sombre, scintillante, des lacs portait des écharpes de neige à moitié fondue. Ensuite, nous avons survolé une large rivière au fort courant, la Bikada ; sur ses rives se dressait le petit groupe de bâtiments de la réserve. Il est difficile d'imaginer un lieu plus éloigné de la civilisation, mais la pureté de l'air, le soleil et le merveilleux silence (troublé seulement par l'hélicoptère) en faisaient un endroit magique. On nous logea tous les huit dans une petite maison de trois pièces assez confortable. Le plus gênant était cette lumière permanente. Mais nous avons réussi à plonger nos chambres dans la pénombre en accrochant des couvertures et des manteaux aux fenêtres, et Lee trouva rapidement de quoi compléter ce dispositif, en dormant avec une chaussette nouée devant les yeux.

Dehors, au soleil, la végétation était extraordinaire. On marchait sur un tapis spongieux et doux de quinze centimètres d'épaisseur formé par les plantes et les arbres miniatures. Mais il suffisait de creuser un peu le sol avec les doigts pour atteindre la couche gelée. Certaines fleurs ressemblaient à des pâque-

Ci-dessus et page de droite : *Tout, ici, semblait miniaturisé. Les arbres arrivaient à hauteur de genoux et les fleurs étaient si minuscules qu'il fallait se mettre à quatre pattes pour en apprécier la beauté. Dans cet univers inhospitalier, tout devait être petit pour pouvoir résister aux éléments.*

rettes, d'autres à de minuscules myosotis. Ce paysage, couvert d'une forêt de saules nains vous arrivant à la cheville et ornés de petites fleurs roses, était traversé de sentiers tracés par les pattes affairées des lemmings.

Notre principal objectif était de filmer des bœufs musqués en liberté. Cet animal étrange, à longs poils, trapu, était autrefois courant dans la toundra. Quoiqu'il ait disparu du reste de la Sibérie depuis dix mille ans, il survivait à Taïmyr il y a encore trois mille ans, à en juger par les restes fossiles. Les conditions de leur disparition demeurent obscures ; d'aucuns soutiennent qu'ils n'auraient pas supporté le changement de climat. A mon avis, cette théorie n'est pas fondée, car la réintroduction des bœufs musqués semble couronnée de succès. Dans les années trente, les autorités soviétiques décidèrent que cet animal devait vivre à nouveau dans la toundra, et elles essayèrent d'acquérir certains animaux du Groenland. Des négociations furent engagées, mais la Guerre éclata avant que les animaux aient pu être embarqués. Après la Guerre, rien ne se passa jusqu'à la visite du président canadien Trudeau qui, apprenant que l'Union soviétique ne possédait plus de bœufs musqués, lui fit cadeau de dix animaux. Ne voulant pas être en reste dans le domaine de la diplomatie zoologique, les Etats-Unis en offrirent cinquante. Certains furent envoyés dans l'île Wrangell et trente à Taïmyr, où ils prospérèrent. Ils sont aujourd'hui cent quatre à vivre sur le million d'hectares de la réserve.

naient leur position défensive, mais dès que nous le rappelions, le troupeau s'éloignait d'un pas pesant ; aussi nous était-il impossible de prendre d'eux des plans où ils se conduiraient naturellement. Après quelques vaines tentatives, nous avons décidé d'essayer de filmer un autre troupeau plus docile. Celui que nous avons trouvé ne se montra pas plus coopératif. Soit il formait un cercle défensif, soit il s'éloignait au galop. Nous avons enfin contourné la difficulté, mais je dois dire que le hasard y contribuera quelque peu.

Nous descendions la rivière à bord de notre flottille pour aller filmer une petite colline magnifique couverte de fleurs sauvages. Juste avant de parvenir à destination, en un endroit où les collines atteignaient une centaine de mètres, nous avons aperçu un troupeau entier de bœufs musqués, se détachant sur le bleu du ciel comme une frise, broutant tranquillement ou plongés dans un profond sommeil, tandis que d'autres nourrissaient leurs enfants. Gregory nous expliqua qu'il avait enterré là du sel gemme et que les bœufs venaient de temps à autre le lécher. Nous avons amarré les bateaux et gravi la colline pour aller filmer ces animaux. Nous avons réussi à faire quelques bonnes prises de vues : des jeunes têtant, des plus âgés somnolant parmi les fleurs et d'autres creusant le sol à la recherche du sel. Puis Rodney décida qu'il lui fallait une scène d'action qui se raccorderait au matériau qu'il avait déjà emmagasiné ; aussi envoya-t-il Byron (célèbre dans le monde entier pour ses imitations d'animaux) s'approcher du troupeau et reproduire les aboiements de Deke en fureur. Qu'au premier jappement les bœufs musqués aient été pris de panique en dit long sur les dons de Byron et sur la réputation de Deke. Ceux qui dormaient se dressèrent sur leurs pattes, les autres cessèrent immédiate-

Quelle émotion lorsque j'ai vu un bœuf musqué sauvage pour la première fois, bien que je ne comprenne pas très bien l'amour qu'on peut porter à cet étrange animal à l'air mal peigné. Quand ils forment leur cercle défensif (ci-dessus), *seul un prédateur extrêmement téméraire oserait essayer de le percer pour s'attaquer aux petits.*

Ci-dessus : *Deke, notre chien de chasse s'attaqua à un bœuf solitaire et se retrouva dans la rivière. Il avait une vue extraordinaire et pouvait détecter un troupeau de l'hélicoptère bien avant nous ; il devenait alors fou de joie car son sport favori était de tourner autour de ces animaux à longs poils.*

En haut : *Les bœufs musqués qui paissaient paisiblement, dormaient ou léchaient le sel, furent très surpris quand Byron fit sa fameuse imitation de chien. Grâce au succès du programme soviétique de réintroduction de cette espèce, on compte aujourd'hui plus d'une centaine de bœufs musqués à Taïmyr.*

ment de brouter. Les petits furent regroupés et le cercle défensif formé à la hâte, bien que les animaux n'aient pu apercevoir ni humain ni chien. Les pauvres créatures ont probablement été extrêmement troublés de ne pas voir apparaître Deke, mais nous avons eu la joie de pouvoir filmer tout ce que nous voulions, et nous pouvions maintenant nous concentrer sur nos objectifs suivants : les rennes et les bernaches à col roux, probablement un des plus beaux oiseaux aquatiques.

D'après Gregory, ces oiseaux nichaient sur une île située à environ sept kilomètres du quartier général de la réserve, là ou la rivière Bikada se perdait dans l'immensité du lac Taïmyr, un des plus grands du monde. On y trouvait non seulement des bernaches à col roux mais aussi une foule d'oiseaux divers. Nous avons appareillé tôt le matin. Je ne pouvais dire s'il était tôt qu'en regardant ma montre, car le soleil brillait comme d'habitude. Il était aussi facile de filmer à quatre heures du matin qu'à midi, car la lumière était parfaite, mais c'est justement cette lumière naturelle permanente qui finissait par nous désorienter.

Cette île, lorsque nous y avons abordé, se révéla longue d'un kilomètre et demi et large de huit cents mètres. Elle était entourée de plages et de dunes de sable gris, mais vers l'intérieur, la couverture spongieuse de mousse et de saules nains était parsemée de centaines de petits étangs qui en faisaient un lieu de séjour idéal pour toutes sortes d'oiseaux, protégé des renards par la rivière au fort courant, riche en plantes aquatiques et en insectes, pourvu de petits plans d'eau où les fragiles oisillons pouvaient apprendre à nager et à chasser. L'île nous apparut immédiatement comme une immense nursery et, tandis que nous gravissions les petites dunes grises, une nuée d'oiseaux effrayés envahit l'espace dans un tourbillon d'ailes blanches. Les goélands bourgmestres et les goélands argentés tournaient au-dessus de nous comme un étrange mobile pris dans un ouragan, criant, bêlant, miaulant, pour protester contre notre intrusion. Les mouettes de Sabine à tête noire étaient encore plus belliqueuses et, dès que nous nous sommes aventurés vers l'intérieur de l'île, elles nous attaquèrent en piqué. L'une fondit sur moi et passa si près que le souffle de ses ailes me décoiffa. Une volée d'eiders femelles, couleur chocolat sombre, nous dépassa ; le battement de leurs ailes évoquait le bruit d'une pièce de soie qu'on déchire. Les eiders mâles semblaient considérer cette crèche bruyante comme un lieu indigne d'eux, car nous ne vîmes qu'un mâle, à l'allure aristocratique, avec sa gorge blanche, sa tête verte et son masque noir, et à l'expression très hautaine, qui planait tranquillement : un très beau spectacle. Il jugeait visiblement que, ayant procréé, il avait justifié son existence et ne voulait en aucun cas s'occuper de ses petits qui poussaient des cris rauques. Nous avons été très impressionnés par la variété d'espèces que nous avons vues : des bécasseaux, des bruants lapons, des labbes, des plongeons à gorge noire ou rousse, mais ils furent tous éclipsés par un vol de bernaches à col roux se découpant sur le ciel. Alors qu'elles viraient, nous pûmes admirer leurs teintes magnifiques — le blanc flamboyant sur leur bec, le blanc et le noir brillants de leur corps, et la jolie couleur brique de leurs joues et de leur gorge. Nous avons attendu qu'elles se posent puis, avec précaution, nous nous sommes approchés de leurs nids ; dans certains d'entre eux, il y avait des petits et dans d'autres des œufs. Extrêmement confiantes, elle nous laissèrent avancer à trois mètres d'elles, tandis qu'elles donnaient des leçons de natation à leurs petits ou se blottissaient contre leurs œufs. Quel plaisir de voir ces merveilleux oiseaux tournoyer dans le ciel, leur gorge rouge miroitant sous le soleil.

Une bernache à col roux, sans doute le plus bel oiseau aquatique du monde, exposant au soleil ses magnifiques couleurs de terre cuite.

Cette île était un endroit idéal pour les bernaches à col roux, et il y en avait des quantités. Certaines couvaient leurs œufs et d'autres apprenaient à nager à leurs petits sur les nombreux petits étangs de l'île. Cette espèce menacée n'existe qu'en Union soviétique.

Nous avons passé une journée magnifique dans cette île à observer et à filmer les oiseaux. Nous avons eu de la chance, car le lendemain, toute la toundra, à perte de vue, était couverte d'une couche de nuages aussi noirs et épais que du goudron. Poussée par le vent mordant, une pluie froide nous giflait, nous rappelant brutalement que nous étions en fait sur un gigantesque bloc de glace couvert d'une mince couche de végétation. Pendant deux jours, nous sommes restés emmitouflés à jouer au *Trivial Pursuit*, un jeu que Byron avait eu la bonne idée d'emmener avec lui. Le troisième jour, un faible rayon de soleil fit son apparition, et Rodney, qui supporte très mal l'inactivité, décida d'aller filmer des lemmings. Le fait que nous n'ayons sous la main aucun de ces petits rongeurs ne le découragea nullement. Il requit le concours de Deke et d'un autre chien et partit, en compagnie de John et de Byron, dans la toundra détrempée. A notre grande surprise, il revint au bout d'environ une heure avec deux adultes et trois petits lemmings, que nous logeâmes dans les boites en plastique qui servaient à conserver la pellicule. Ils s'installèrent très tranquillement et se montrèrent charmants. Les adultes, gras, bas sur pattes, mesuraient

Là où les rivières, comme d'étranges racines d'arbres vertes, descendent en sinuant jusqu'au lac, elles isolent des lopins de terre et forment des îles. Celles-ci, protégées des renards polaires en maraude par leurs « douves », constituent de parfaits sanctuaires pour les myriades d'oiseaux.

une quinzaine de centimètres. Ils avaient les yeux bruns brillants et des oreilles rondes presque enfouies dans leur épaisse fourrure. Les petits — qui auraient pu tenir tous trois à l'aise dans une tasse de thé — étaient adorables, avec leurs visages joufflus et leurs petites pattes parfaitement manucurées. Leur dos était d'un roux plus pâle que celui des adultes, mais sans taches noires. En revanche, la bande noire qui court de la tête à la queue était chez eux très prononcée. Ils avaient énormément de sang-froid et, alors que les adultes cherchaient à nous mordre quand nous les prenions, les bébés se contentaient de pousser de petits cris comme des vieilles filles surprises d'être pincées par un curé. Ils se montrèrent extrêmement coopératifs et dociles. Mais quand nous les avons relachés pour que Rodney puisse filmer leur départ, ils jouèrent médiocrement leur rôle, s'asseyant, se lavant la figure, reniflant les fleurs, faisant une pause casse-croûte avant de se décider enfin à s'éloigner dans la toundra.

Le lendemain, le temps s'éclaircit, et l'hélicoptère put nous emmener vers un camp au bord de la rivière Logata, sur la rive occidentale du lac Taïmyr. C'était l'époque où les troupeaux de

Il est étrange que le lemming, tellement plus séduisant que le hamster, ne soit pas devenu un animal domestique.

rennes entamaient leur migration saisonnière vers la mer. Le spectacle était magnifique, certaines parties du lac étaient encore couvertes de grandes plaques de glace d'un gris sale. Le décor était très différent de celui de Bikada, ce n'étaient plus des collines rondes, mais de hauts escarpements avec des éboulis de roches gris ardoise. Des douzaines de petites rivières se jetaient dans le lac, serpentant, comme les tentacules d'une pieuvre argentée, à travers la verte toundra parsemée de petits monticules aux formes les plus étranges. Les rives du lac Taïmyr sont agrémentées de milliers d'étangs et de petits lacs qui changeaient magiquement de couleur pendant que nous les survolions ; d'un bleu pur, ils passaient l'instant d'après à un argent brillant sous la lumière du soleil, puis au brun quand nous nous approchions. A basse altitude, nous pouvions apercevoir au fond de l'eau des os et des défenses de mammouths gisant pêle-mêle comme conservés dans de l'ambre.

Nous sommes enfin arrivés au camp où tout avait été fait pour nous assurer le maximum de confort. Pour cette partie du voyage, nous avons été rejoints par une blonde incendiaire prénommée Natacha, aux yeux bleu pervenche et au sourire éblouissant, qui était, nous affirma-t-on, experte en rennes. Elle ne maîtrisait pas parfaitement la langue anglaise ; quand elle ne comprenait pas une remarque, elle nous fixait de son regard bleu et lançait un « *What?* » sonore et intimidant qui laissait supposer que lors d'un interrogatoire, elle aurait fait avouer n'importe quoi à n'importe qui. Tout à fait adorable, elle était de plus une véritable mine de renseignements sur les rennes. Elle nous raconta comment ils avaient coutume d'émigrer vers le nord et l'océan Arctique pour le printemps et l'été et comment ils revenaient au début de l'hiver, traversant la toundra pour se réfugier dans les forêts. Elle allait nous emmener filmer les grands troupeaux partant vers le nord. Le lendemain, après une heure de voyage en hélicoptère, nous avons aperçu un premier

Cet endroit a le grand avantage d'être dépourvu d'arbres, ce qui permet d'y observer aisément les oiseaux. Le bécasseau à long bec bâtit son nid dans les saules et les bouleaux miniatures, comme le pluvier doré. De magnifiques bruants des neiges, des lagopèdes muets et des bruants lapons s'occupaient attentivement de leur progéniture. Sur les rives rocailleuses, le pluvier guignard eurasien se confondait si bien avec le sol qu'il ne devenait visible que lorsqu'il bougeait.

Ci-dessus et ci-contre : *Inutile de dire que notre présence gênait les oiseaux qui nous considéraient comme des renard polaires bipèdes. Chaque fois que nous approchions de leurs nids, ils piquaient sur nous. Les labbes aux longues queues pointues et les belles mouettes de Sabine à tête noire étaient particulièrement audacieux et agressifs.*

Ci-dessous et en bas : *Taïmyr est vraiment un lieu de séjour idéal pour les oiseaux. Nous avons pu le constater en les voyant bâtir leurs nids. Autour de la maison où nous habitions, des buses pattues chassaient les lemmings et, sur les îles, les eiders couvaient leurs œufs ou s'empressaient auprès de leur progéniture fraîchement éclose.*

Le survol du lac Taïmyr était très étonnant, car le paysage se modifiait sans cesse. Tantôt, on voyait la toundra morcelée par les rivières argentées qui alimentaient le lac, tantôt un puzzle de glace fondante qui se transformait en étranges « rizières » créées par les gelées d'hiver.

troupeau de rennes, fort de cinq ou six cents têtes, galopant à travers les vallées. La plupart des femelles avaient perdu leurs bois et les jeunes mâles n'en avaient que de petits, mais une vingtaine ou une trentaine de mâles adultes en portaient de magnifiques. Je fus immédiatement frappé par la diversité des couleurs à l'intérieur des troupeaux. J'avais toujours pensé que les rennes étaient tout simplement bruns, mais je découvris rapidement mon erreur. Je voyais là des adultes presque noirs, d'autres fauve pâle, d'autres encore rougeâtres et certains d'une étrange teinte argentée qui les faisaient paraître presque blancs. Cette énorme concentration d'animaux, affolés par notre présence, franchit une colline au galop puis déboucha en un espace relativement plat où ils se mêlèrent à un autre grand troupeau.

Ci-dessus : *La chouette harfang, un prédateur redoutable. En hiver son plumage la rend quasiment invisible.*

En haut : *Vus d'hélicoptère, les troupeaux de rennes semblaient de couleur fauve pâle, et ce n'est qu'après avoir atterri que nous avons perçu la subtilité des nuances et la beauté de leurs bois.*

Nous avions donc en dessous de nous plusieurs milliers d'animaux, formant un tapis coloré mouvant. C'était un spectacle impressionnant, il y avait là suffisamment de rennes pour permettre au Père Noël de travailler pendant des siècles.

Nous nous sommes posés dans une étroite vallée, scintillante de fleurs, où affleuraient quelques gros rochers au milieu desquels nous pourrions nous cacher. Puis l'hélicoptère essaierait de pousser doucement les rennes vers nous pour nous permettre de les filmer. Sous le regard d'une chouette harfang d'un blanc immaculé, qui nous observait à distance de son œil orange étonné, nous nous sommes dissimulés dans les rochers. Notre pilote manœuvra habilement, rabattant vers nous un flot de rennes multicolore, sans les effrayer. Ils nous dépassèrent calmement, s'arrêtant ici et là pour paître. Parfois, un des mâles, aux bois majestueux, jetait un œil soupçonneux dans notre direction, agitait les oreilles en tous sens pour recueillir le moindre bruit. Petit à petit, l'immense troupeau s'écoula ; le dernier mâle, dont la superbe silhouette se découpait sur l'horizon, fit une pause, regarda derrière lui et renifla en signe de dérision dans notre direction avant de rejoindre les autres. Engourdis par les crampes, nous nous sommes relevés et étirés

en attendant que l'hélicoptère vienne nous rechercher, ravis de notre dernier jour de tournage sur le terrain.

Ce soir-là, nous avons eu droit à une fête. A la place de la sempiternelle viande de renne, on nous servit une oie accompagnée — chose très rare dans la toundra — de salade. Nous avons débouché les dernières bouteilles de whisky et de vodka et porté de nombreux toasts. Puis, à notre grand étonnement et pour notre plus grande joie, Natacha et les autres déballèrent un incroyable cadeau pour Lee et moi. Quand j'étais arrivé à Taïmyr, j'avais émis le souhait de pouvoir ramener une dent de mammouth en souvenir. J'avais dit cela pour plaisanter, car je pensais que c'était impossible à obtenir. Et voilà qu'on nous en offrait une sur laquelle était montée une défense de petit mammouth d'une soixantaine de centimètres de long. Sur l'un des côtés avait été gravé un tendre message à notre intention. Nous fûmes bouleversés par ce merveilleux présent.

« Natacha, dis-je en levant mon verre, c'est le plus beau cadeau qu'on nous ait fait en Union soviétique, et vous êtes la plus délicieuse blonde de ce pays. »

« *What* ? » demanda-t-elle.

La défense de mammouth que nous n'avons pu ramener en souvenir.

MOSCOU

Les autres Russes

Moscou

Ci-dessus et page suivante : *Quelques images du marché aux animaux domestiques, prises clandestinement, car nous avions été avertis qu'il était interdit de prendre des photos et nous avions caché nos appareils quand on nous avait signalé la présence de policiers à l'entrée. Pourquoi les autorités interdisaient-elles de filmer ou de photographier ce merveilleux marché ? Cela est resté pour moi un mystère, car j'ai toujours remarqué chez le peuple d'Union soviétique un grand amour pour les animaux, trait de caractère dont il n'y aucune raison d'avoir honte.*

Pages précédentes : *Les dômes du Kremlin qui ressemblent à des oignons dorés.*

Nous sommes revenus à Moscou à la fois épuisés et ravis. Il nous restait encore une tâche à remplir : comme d'habitude dans le monde à l'envers de la télévision, c'était le tournage de la première émission. Je voulais montrer l'amour du peuple russe pour le monde animal, l'amour des Moscovites pour leur zoo et, pour couronner le tout, montrer le Marché aux animaux familiers, probablement unique au monde.

Ce fut l'épisode le plus frustrant, le plus douloureux, de notre long périple. D'après John, qui l'avait visité lors d'un de ses voyages de repérage, si je voulais montrer l'amour des gens pour les animaux, ce marché était le lieu idéal. Aussi l'avions-nous inclus dans le scénario.

Mais l'autorisation de filmer ce marché nous fut refusée. Je m'étonnai. Les animaux y étaient-ils maltraités? Etaient-ils sous-alimentés et couverts de plaies? « Non, bien sûr », me répondit-on. Alors pourquoi ne pouvions-nous filmer? On m'objecta que l'endroit n'était pas très présentable. Je demandai alors si je pouvais au moins le voir et écrire à son sujet. Cela me fut accordé, simplement il ne fallait pas filmer. Nous sommes donc allés le visiter Lee et moi en compagnie de John.

C'était un lieu tout bonnement époustouflant.

Cet immense jardin, situé dans les faubourgs de Moscou, était envahi de promeneurs et d'animaux. D'aucuns achetaient de gros rats musqués ensommeillés, des hamsters ou des souris blanches. On trouvait des perruches ondulées, des pigeons et des poussins en pagaille et des centaines d'aquariums pleins de poissons tropicaux. Où que vous posiez les yeux, il y avait quelque chose de merveilleux à filmer. Nous avons vu une vieille dame radieuse, avec la tête d'un lapin assoupi dépassant de la poche de son manteau, deux chatons accrochés à sa poitrine et un troisième perché sur l'épaule. Ailleurs, un groupe d'hommes examinait une rainette avec le sérieux de joailliers évaluant une émeraude.

L'Union soviétique distribue assez généreusement des médailles à ses citoyens méritants et l'on rencontre souvent dans les rues de Moscou ou d'ailleurs de vieux messieurs ployant sous le poids de leurs décorations. Mais sur le marché, c'était le tour des chiens : danois, molosses, dalmatiens portaient sur de grands tabliers toutes les médailles qu'ils avaient gagnées, prouvant ainsi que leur progéniture, sommeillant paresseusement devant eux, méritait d'être achetée.

J'ai vu un homme donner solennellement le biberon à un bébé ragondin qui semblait ravi. D'autres marchandaient un

terrapène. Des dames déposaient dans des cornets confectionnés avec des feuilles de la *Pravda* des vers et des crevettes pour les amateurs de poissons. Un octogénaire avec une moustache superbe vantait à un client les mérites de ses hélices aquatiques avec une fougue qui aurait paru excessive s'il s'était agi de pépites d'or. Les gens achetaient de tout, du bouledogue aux crevettes et aux perruches. Les animaux étaient en très bonne santé et leurs propriétaires s'en occupaient visiblement avec amour. Tout cet univers, bruissant de vie, était exactement ce que je voulais filmer et on me l'interdisait parce que « l'endroit n'était pas très présentable » ! Dire que j'étais furieux serait très en dessous de la vérité. Lorsque je retournerai à Moscou, ma première visite ne sera ni pour le tombeau de Lénine ni pour le Kremlin, mais pour ce marché qui est l'endroit le plus fascinant et le plus vivant de toute la capitale.

Nous avons cependant passé de bons moments à Moscou, dont quelques-uns avec la charmante Olga. Cette jeune artiste travaillait pour le musée de Paléontologie qui allait ouvrir ses portes. Elle sculptait depuis plus d'un an une composition murale en grès blanc, d'environ dix mètres de haut et cinquante mètres de long, qui représentait toute une collection d'animaux préhistoriques. C'était une œuvre d'une beauté à couper le souffle, et elle était à deux doigts de la terminer. Courageusement, elle me proposa de l'accompagner sur l'échafaudage pour l'aider, marteau et ciseau à la main, à achever la défense d'un mammouth laineux. Je dois avouer que je n'en menais pas large ; je craignais qu'à mon premier coup de marteau ce magnifique travail ne se disloque comme les pièces d'un puzzle qu'on renverse. Heureusement, rien de tel ne se produisit et, au lieu d'être précipité du haut de l'échafaudage par une Olga courroucée, je fus remercié par un baiser.

Nous avons eu aussi la joie de filmer le zoo de Moscou. C'est un très vieil établissement qui a été en grande partie reconstruit au début du siècle. La ville a continué à grandir autour du zoo qui se trouve aujourd'hui comme une fleur plantée dans un pot trop petit. Mais cet endroit est administré par une équipe passionnée, dirigée par le Dr Vladimir Spitzin. Tous ces gens avaient accueilli John très gentiment lors de sa précédente visite et lui avaient donné d'excellents conseils pour l'ensemble de notre projet. Quel autre directeur de zoo aurait proposé d'envoyer son conservateur dans le désert à trois mille kilomètres de là avec un sac rempli de reptiles pour être sûr que nous ne repartirions pas bredouilles ? Incomparable Spitzin qui a bien failli nous faire étrangler, ma femme et moi, par une pieuvre, manger par un morse et dévorer par des guépards ! Mais tout cela n'allait arriver que plus tard. Lors de mon premier passage à Moscou, j'avais émis le souhait de réunir tous nos amis au zoo, et ils avaient préparé un dîner pour nous. Ce fut une très belle

soirée au cours de laquelle nous avons évoqué nos triomphes et nos échecs. Nous avons beaucoup ri, porté de nombreux toasts, et Lee et moi sommes tombés amoureux de tous ces gens. A la fin de ce merveilleux repas, Spitzin (en dépit de l'obscurité, du froid glacial et de la légèreté de nos vêtements à Lee et à moi) insista pour que nous allions à la lumière de torches faire une promenade au zoo. Comme on peut l'imaginer, nous n'avons pas vu grand-chose et avons d'un cheveu échappé à la pneumonie.

Mais maintenant, à la fin de notre voyage à travers l'Union soviétique, nous allions visiter le zoo par un beau jour d'été où Moscou se montrait sous son meilleur jour.

Spitzin nous fit monter dans un cabriolet tiré par un élégant petit poney et conduit par une jeune et jolie femme, et c'est dans ce charmant équipage que nous avons fait le tour du zoo. Nous sommes allés voir la cage de l'ours à lunettes, moment très émouvant pour nous, car nous avions expédié un des mâles nés à Jersey ; celui-ci était devenu père à son tour et nous pouvions maintenant voir la jeune femelle (évidemment baptisée Lee) faire des galipettes dans sa cage. Je trouve que Lee (l'ourse) s'est très mal conduite en se pendant aux barreaux et en urinant sur la caméra. Puis, nous sommes allés voir les guépards, deux magnifiques femelles qui occupaient un vaste enclos contenant, outre leurs enfants, les plus grands trèfles à quatre feuilles que j'aie jamais vus. Les mères guépards, comme c'est naturel, virent d'un sale œil l'intrusion de ces humains dans leur vie paisible, tandis que leurs neuf petits étaient plutôt fascinés, comme des enfants voyant un cirque s'installer en ville.

Notre promenade au zoo, tant attendue, dans un cabriolet magnifiquement peint, tiré par un poney, nous a permis de voir agréablement et très rapidement beaucoup de choses. L'impressionnante collection d'animaux est très bien soignée par un personnel des plus dévoués dirigé par l'incomparable Vladimir Spitzin.

Les deux magnifiques guépards qui n'apprécièrent pas du tout notre intrusion dans leur intimité, perçue comme une menace pour leurs petits. En grandissant, les bébés perdront cette curieuse crinière de fourrure qui leur couvre le dos et le cou.

Les oreilles rabattues sur la tête, les yeux lançant des éclairs, les babines retroussées découvrant leurs dents magnifiques, les mères sifflaient et crachaient et, quand nous nous aventurions un peu trop près, elles exécutaient une magnifique « danse d'avertissement ». En feulant, elles sautaient vers nous en deux bonds, leurs pattes postérieures frappant le sol avec un bruit sourd. C'était une façon impressionnante de nous dire : « N'allez pas plus loin ». Les petits étaient adorables, avec leurs crinières encore ébouriffées, et les « larmes » noires qui mettaient en valeur leurs yeux dorés. L'attrait de la nouveauté une fois disparu, ils laissèrent à leurs mères le soin de se préoccuper des humains et commencèrent à jouer à cache-cache, à se battre, à se mordre entre eux, à poursuivre des bourdons, bref, à pratiquer toutes les activités nécessaires à des petits guépards pour devenir membres à part entière de la famille des félins.

Ensuite, nous avons parcouru quelques salles emplies de cages contenant des grenouilles, des crapauds et des tortues. Nous avons apprécié les rainettes, observé les rarissimes *pélobates* s'enterrer eux-mêmes comme par magie à l'aide d'une lame dure qui est comme une extension de leurs pattes postérieures. Puis, nous sommes entrés dans un local spécial où, dans un grand réservoir d'eau de mer, s'était établi Mathilda (ce n'est qu'après son baptême qu'on s'aperçut que c'était un mâle), une pieuvre de la mer du Japon, avec des tentacules d'un mètre cinquante de long et des yeux très expressifs. Elle ne sembla pas gênée d'être extraite de son milieu aquatique et nous envelop-pa, Lee et moi, de ses tentacules de façon très affectueuse, même si nous avons trouvé ces manifestations de tendresse un

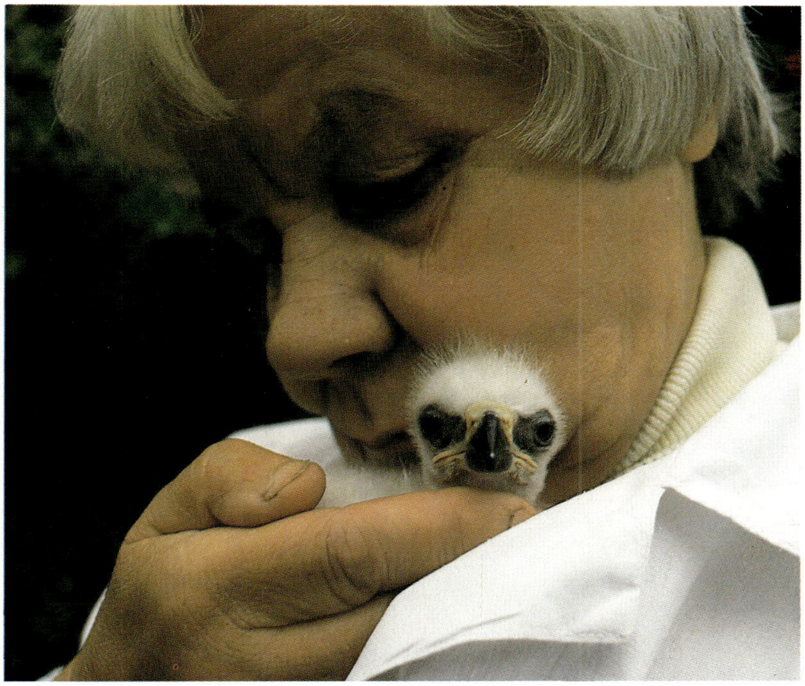

Ci-contre : *Un membre du personnel du zoo de Moscou qui y travaille depuis quarante-cinq ans et dont la spécialité est de nourrir les oisillons à la main. Elle s'occupe là d'un aigle des steppes encore couvert de son duvet de bébé.*

Ci-dessous : *Les énormes morses femelles auxquelles nous avons rendu visite semblaient souffrir de catarrhe chronique. Spitzin parut amusé lorsque je lui dis que, bien que fascinantes, elles ne seraient jamais élues Miss Monde.*

A un moment, pendant notre promenade, Spitzin s'absenta quelques instants et réapparut avec deux petits léopards des neiges dans les bras. Leur fourrure était extrêmement douce et leurs pattes paraissaient énormes pour leur taille. Malgré leur jeune âge, ils rugirent, furieux d'avoir été enlevés, un bref moment, à leur mère.

peu humides. Mais quand nous avons allumé les projecteurs pour tourner, Mathilda n'apprécia pas du tout et, sous le coup de la fureur, elle vira (comme savent le faire les pieuvres) du crème pâle avec de légères taches brunes au rouge brique, roula des yeux indignés et se retira derrière ses rochers.

Après lui avoir fait des adieux attendris, nous avons observé une courte pause pour admirer toutes sortes d'oisillons dans une nursery, un curieux mélange d'aiglons, de petits hiboux, de canetons, de petits foulques et de jeunes faisans, puis nous sommes allés à un rendez-vous dont je me faisais une fête. Dans un immense bassin, vivaient deux morses femelles et, avec l'aide d'un plein seau de poissons odorants, nous les avons amenées à sortir de l'eau leurs énormes corps boudinés de Bibendum pour pouvoir leur parler. Ces animaux sont terriblement gauches sur terre mais, compte tenu de leur masse, très gracieux dans l'eau. Elles acceptèrent le poisson, les moustaches hérissées, en faisant grincer leurs défenses et en reniflant de joie. Comme elles semblaient souffrir de catarrhe chronique et ne possédaient pas de mouchoirs, je vous laisse imaginer l'horreur du spectacle. Nous les avons donc laissées souffler comme un vieux couple de machines à vapeur et nous sommes dépêcher pour notre rendez-vous suivant. Là, Spitzin nous laissa avec notre attelage, réapparut quelques instants plus tard et posa sur nos genoux deux petits léopards des neiges, à la fourrure soyeuse, aux yeux immenses et aux pattes dodues. Blottis dans nos bras, ils sifflaient, montraient les dents dans une colère d'enfant, jusqu'à ce que nous les ayions ramenés à leurs mères après les avoir filmés. Notre séjour en Union soviétique touchait à sa fin, mais comment le conclure mieux qu'en compagnie d'amis et d'animaux?

Dans l'avion qui nous ramenait à Londres, nous avons repensé à notre très long voyage. Le travail de conservation effectué en Union soviétique nous avait fortement impressionné. Les Soviétiques lui accordent une réelle importance et, bien qu'elle ne soit pas parfaite (aucun partisan de la conservation n'est jamais satisfait), elle est d'un très haut niveau.

Les réserves naturelles sont immenses et nombreuses, et chacune est gérée impeccablement par des gens charmants et passionnés par leur travail. Nous nous permettrons cependant deux remarques — que nos amis soviétiques nous les pardonnent. Toutes ces réserves dépendent d'une multitude de ministères et de départements, ce qui provoque inévitablement des complications. A notre avis, tout ce merveilleux système de réserves gagnerait énormément à ne dépendre que d'un organisme central. D'autre part, nous avons été troublés par le fait que chaque réserve semble ignorer ce que font leurs voisines. On nous demandait tout le temps ce que nous avions vu dans les autres réserves, et quels étaient leurs projets. Il ne semblait pas exister (du moins n'en avons nous pas trouvé) de journal régulier qui pourrait indiquer à quelqu'un qui s'occupe du bœuf musqué ce qui se fait dans la steppe pour le saïga, ou informer un spécialiste du phoque du lac Baïkal sur la situation des cormorans de la Volga. Nous sommes certains qu'une initiative de cet ordre serait extrêmement bienvenue, car tous les gens que nous avons rencontrés dans les réserves portaient un profond intérêt à leur travail, mais étaient également curieux du travail des autres. Mais ce ne sont que des critiques de détail ; la conservation est prise très au sérieux en Union soviétique et nous aimerions pouvoir en dire autant d'autres pays du monde.

En faisant un retour en arrière, je m'aperçois que mes souvenirs sont riches et variés. Je me souviens du gentil géant d'Oka qui me donna son manteau, de Natacha nous parlant de ses animaux familiers avec ses vingt mots d'anglais et ses mimiques ; je me souviens des beaux visages parcheminés des vieilles dames du marché de Tbilissi qui refusaient de nous laisser payer nos achats ; je me souviens de tous ces gens qui nous ont accueillis à bras ouverts. Mais par-dessus tout, je me souviens évidemment des merveilleux animaux que nous avons vus : les bœufs musqués formant courageusement leur cercle, le phoque de Baïkal volant la vedette à Lee, le charmant visage de la zibeline qui nous insultait, les jolies belettes dans leurs logis du désert, les blaireaux et les renards que nous avons sauvés de la noyade, les bernaches à col roux tournoyant dans le ciel et l'immense troupeau de saïgas broutant au soleil couchant. Je me souviens du grand spectacle des fleurs dont certaines étaient si minuscules qu'il fallait se mettre à genoux pour apprécier la beauté de leurs formes et de leurs couleurs.

Ce fut un voyage magnifique et fascinant. Nous sommes sensibles au privilège que nous a accordé le peuple d'Union soviétique en nous permettant de visiter autant de lieux de leur vaste pays, où tout le monde nous a prodigué sans compter chaleur et affection.

Je tire une grande joie de mes rencontres avec les animaux sauvages dans leur milieu naturel. En retour, je m'efforce d'aider à survivre ces formes de vie uniques qui risquent de disparaître pour toujours de notre planète.

Il y a vingt-cinq ans, j'ai fondé le *Jersey Wildlife Preservation Unit*. Cette organisation étudie les espèces animales menacées, met au point des programmes de reproduction à Jersey et, lorsque c'est possible, relâche dans la nature des spécimens élevés en captivité, pour renforcer certaines populations sauvages en difficulté. En outre, nous travaillons dans les pays d'origine des animaux en aidant les gouvernements à former un personnel local et à construire des unités de reproduction et en les conseillant sur les mesures à prendre pour protéger les animaux dans leur habitat naturel.

Si, en lisant ces pages, vous avez partagé un peu de plaisir que j'éprouve à visiter les communautés sauvages, si vous souhaitez soutenir nos efforts, obtenir de plus amples renseignements ou adhérer, écrivez-moi.

Gerald Durrell
Jersey

INDEX

Les numéros en gras renvoient aux photographies